ENTRE L'ÉCRAN ET LA RÉALITÉ

Réseaux sociaux et quête de validation :

Exploration de leur impact sur les relations interpersonnelles et l'auto-perception

ABDELHAKIM BOUAFIA

Mentions Légales

Titre du livre : Entre l'écran et la réalité Auteur :

Abdelhakim Bouafia

Éditeur : amazon.com Date de

publication : 2023

ISBN : 9798852320759

Droits d'auteur : © 2023, Abdelhakim Bouafia

DÉDICACE

À tous ceux qui cherchent à comprendre les complexités de nos interactions dans l'ère numérique, et en particulier à ceux qui naviguent dans les eaux parfois tumultueuses des réseaux sociaux, ce livre est pour vous.

Et enfin, à chaque personne qui a partagé son histoire et ses expériences pour donner vie à ce travail, je vous offre ce livre en signe de gratitude. Votre courage et votre franchise sont une source d'inspiration. C'est en partageant nos histoires que nous pouvons commencer à effectuer des changements positifs et significatifs.

Sincèrement, Abdelhakim Bouafia

TABLE DES MATIÈRES

AVANT PROPOS

Dans le monde numérique en constante évolution d'aujourd'hui, comprendre l'impact et les implications des médias sociaux est à la fois fascinant et crucial. Il ne s'agit plus seulement d'une partie de notre vie quotidienne, mais d'une extension de notre existence, touchant presque tous les aspects de notre vie, de notre identité personnelle à nos relations interpersonnelles.

C'est cet impact des médias sociaux sur les relations entre les sexes, en particulier comment la recherche d'attention et de validation des femmes sur ces plateformes se répercute dans le monde réel, qui est au cœur de ce livre. Pourquoi cette quête incessante d'attention et de validation ? Comment cela façonne-t-il notre perception de nous-mêmes et de nos relations ? Et quelles sont les conséquences potentiellement néfastes de ces comportements ? Ce sont quelques-unes des questions complexes que nous explorons dans ce livre.

Mais ce n'est pas tout. Si le livre met en lumière les défis, il propose également des solutions. Il offre des stratégies d'adaptation pour une utilisation saine des médias sociaux, encourageant les lecteurs à tirer le meilleur parti de ces plateformes sans compromettre leur santé mentale ou leurs relations. La tâche n'a pas été facile. Elle a exigé une exploration minutieuse et une réflexion approfondie sur une multitude d'études, de recherches etde témoignages personnels. Mais j'espère que le résultat en vaut la peine, en contribuant à une compréhension plus nuancée de notre vie digitale et en encourageant un dialogue ouvert sur les façons de naviguer de manière plus consciente dans le paysage numérique.

Je vous invite à vous embarquer dans cette exploration révélatrice du rôle des médias sociaux dans notre vie, et j'espère que vous en tirerez des connaissances précieuses pour votre propre expérience dans le monde numérique.

Abdelhakim Bouafia

INTRODUCTION

L'omniprésence des réseaux sociaux dans notre vie quotidienne est désormais une réalité incontestable. Ces plateformes ont transformé notre façon de communiquer, de partager des informations et de nous connecter avec d'autres. Leur impact, d'une portée considérable, est soutenu par une croissance rapide et continue. D'après une étude récente réalisée par l'agence Pew Research Center, environ 72% des adultes dans le monde utilisent au moins un réseau social. L'usage moyen s'élève à près de deux heures par jour ,illustrant ainsi la place centrale qu'occupent ces plateformes dans nos routines quotidiennes.

Il est toutefois important de noter que ce chiffre

représente une moyenne globale. Pour certains individus, la durée d'utilisation des réseaux sociaux peut être bien supérieure. De plus, ces statistiques ne reflètent pas uniquement les adultes ; en effet, les jeunes sont particulièrement attirés par ces plateformes, avec une utilisation qui dépasse souvent celle de leurs aînés.

Ces données indiquent une évolution majeure dans nos modes de communication et d'interaction sociale. Les réseaux sociaux, initialement perçus comme des outils de distraction, ont su s'intégrer dans presque tous les aspects de notre existence. Que ce soit pour les nouvelles, les interactions sociales, le travail, l'éducation ou le divertissement, ils sont devenus des acteurs essentiels dans la façon dont nous naviguons dans notre monde moderne.

Cependant, cette omniprésence des réseaux sociaux soulève une multitude de questions, notamment concernant leur impact sur nos relations interpersonnelles ,notre santé mentale et notre perception de soi. Avec une telle empreinte dans nos vies quotidiennes, il est impératif de comprendre les implications potentielles de notre utilisation des réseaux sociaux. C'est dans ce contexte que cette analyse cherche à explorer et à comprendre plus profondément la nature complexe des interactions entre notre vie sociale numérique et nos vies réelles.

En matière d'utilisation des réseaux sociaux, les femmes sont loin d'être en retrait. Elles sont en effet une composante majeure de la démographie des utilisateurs des réseaux sociaux. Selon une étude de Pew Research, elles sont plus susceptibles que les hommes d'utiliser ces plateformes, avec un pourcentage d'environ 78% des femmes qui les utilisent, comparativement à 65% des hommes. De plus, l'étude a révélé que les femmes tendent à passer plus de temps sur ces plateformes que leurs homologues masculins, consacrant en moyenne deux heures et demie par jour à naviguer sur les réseaux sociaux.

Cela pourrait être attribué à une variété de facteurs. Par exemple, les réseaux sociaux offrent un espace où les femmes peuvent partager des expériences, exprimer des opinions et s'engager

dans des discussions sur des sujets qui leur tiennent à cœur. Ils servent également de plateformes pour le partage de contenu, qu'il s'agisse de photos, de vidéos, d'articles ou de mises à jour personnelles. Les femmes, en particulier, utilisent ces plateformes pour rester en contact avec des amis et de la famille, pour s'informer sur divers sujets, et pour participer à des communautés en ligne.

Cependant, la fréquence élevée d'utilisation des réseaux sociaux par les femmes soulève également des préoccupations spécifiques. Parmi celles-ci figurent les pressions pour se conformer à des normes de beauté idéalisées, l'exposition à des commentaires négatifs ou haineux, et la préoccupation constante d'être jugée ou comparée à d'autres. De plus, la tendance à passer plus de temps sur ces plateformes peut conduire à une dépendance aux réseaux sociaux, avec des implications potentiellement négatives sur le bien-être mental et émotionnel.

Il est donc essentiel d'étudier de manière approfondie comment l'utilisation des réseaux sociaux par les femmes influence leur perception d'elles-mêmes ,leur bien-être et leurs relations.

Cette compréhension pourrait contribuer à favoriser des approches plus saines et plus équilibrées de l'utilisation des médias sociaux, et à adresser les défis spécifiques auxquels sont confrontées les femmes dans l'espace numérique.

L'incorporation généralisée des réseaux sociaux dans

la vie quotidienne des femmes a engendré une série de comportements et de tendances propres à ce groupe démographique. Un phénomène particulièrement notable est la quête de plus en plus intense de validation et d'attention en ligne. Ce livre plonge au cœur de cette tendance, déchiffrant ses motivations, dépeignant ses manifestations et décryptant ses répercussions sur les relations interpersonnelles, en particulier entre les hommes et les femmes.

La quête de validation sur les réseaux sociaux n'est pas un phénomène isolé ; elle est intrinsèquement liée à des questions plus larges de l'identité, de l'estime de soi, et du besoin d'appartenance. Ce besoin d'approbation et d'attention peut être nourri par le désir de se conformer aux normes sociales et culturelles, ainsi que par la volonté de se sentir valorisée et reconnue. Le feedback positif obtenu par le biais des "likes", des commentaires et des partages peut contribuer à un sentiment d'acceptation et de validation sociale.

Cependant, cette quête de validation peut aussi avoir des implications significatives pour la dynamique relationnelle, surtout dans le contexte des relations homme-femme. Elle peut façonner la manière dont les femmes se présentent en ligne, influencer leurs interactions avec les autres, et avoir un impact sur leurs attentes et perceptions dans leurs relations réelles.

Il est également important d'examiner comment cette quête de validation peut affecter le bien-être mental et émotionnel. L'estime de soi peut devenir étroitement liée à la réception d'une validation en ligne, ce qui peut engendrer une vulnérabilité aux critiques et au rejet. En outre, la comparaison sociale, facilitée par les réseaux sociaux, peut conduire à des sentiments d'insuffisance et à une pression pour atteindre des normes idéalisées et souvent inatteignables.

En explorant ces questions, ce livre vise à offrir une compréhension approfondie de la complexité de la quête de validation des femmes sur les

réseaux sociaux, ainsi qu'à proposer des pistes de réflexion pour naviguer de manière saine et consciente dans l'univers numérique.

Ces chiffres et ces tendances, bien que présentés sous forme de statistiques, ne sont en aucun cas de simples abstractions. Ils ont des conséquences palpables et significatives sur notre façon de vivre, d'interagir et de comprendre le monde qui nous entoure. Ils façonnent nos perceptions, nos comportements, nos relations et notre bien-être de manière profonde et souvent imperceptible.

Dans les pages qui suivent, nous nous engageons dans une exploration approfondie de la manière dont cette réalité numérique façonne nos vies. Nous analyserons comment la quête de la validation en ligne impacte notre estime de soi, nos relations interpersonnelles, et notre santé mentale. Nous nous intéresserons aux motivations sous-jacentes à cette quête de validation, ainsi qu'aux pressions sociétales et culturelles qui contribuent à cette dynamique.

Nous explorerons également les conséquences spécifiques de cette dynamique sur les relations homme-femme ,en examinant comment les
attentes et les pressions en ligne peuvent se répercuter sur les interactions et les dynamiques relationnelles dans le monde réel. Nous discuterons des manières dont les réseaux sociaux peuvent parfois créer un fossé entre l'image en ligne et la réalité, et comment cela peut affecter la communication, la confiance et la satisfaction dans les relations.

Cependant, cette exploration ne sera pas uniquement

axée sur les défis et les dangers. Nous nous pencherons également sur les stratégies et les solutions possibles pour naviguer de manière plus saine et plus consciente dans le monde numérique. Nous discuterons de l'importance de la littératie numérique, de l'authenticité en ligne, et de la communication efficace dans la vie réelle.

Enfin, tout au long de ce livre, nous soulignerons l'importance d'une perspective équilibrée. Si les réseaux sociaux présentent des défis uniques, ils offrent également des opportunités sans précédent de connexion, d'expression de soi et d'apprentissage. Notre objectif est de vous aider à naviguer dans ce monde numérique de manière

éclairée, consciente et équilibrée, en reconnaissant à la fois ses pièges et ses potentialités.

Dans ce livre, nous aborderons plusieurs points clés qui aideront à clarifier la relation complexe entre l'usage des médias sociaux par les femmes et l'impact sur leurs relations interpersonnelles.
Nous commencerons par explorer comment et pourquoi la recherche d'attention et de validation a émergé comme un phénomène majeur sur les réseaux sociaux, en particulier parmi les femmes. Nous examinerons la psychologie derrière ce besoin

de validation et comment il est exacerbé par la nature des plateformes de médias sociaux. Nous examinerons ensuite les implications de cette quête de validation sur l'estime de soi des femmes. Comment la constante comparaison avec d'autres en ligne peut-elle influencer la perception qu'une femme a d'elle-même?

Nous analyserons comment cette recherche de validation et cette comparaison constante peuvent affecter les relations interpersonnelles, en particulier les relations entre hommes et femmes. Quels sont les impacts potentiels sur la communication, les attentes et la satisfaction relationnelle?

Enfin, nous ne nous contenterons pas de décrire le problème. Nous proposerons également des stratégies et des solutions pratiques pour atténuer les effets néfastes de la recherche de validation sur les réseaux sociaux. Comment peut-on cultiver une utilisation plus saine et plus équilibrée des médias sociaux ?

A travers l'examen de ces points clés, ce livre aspire à offrir un aperçu éclairant et à stimuler une discussion essentielle sur l'impact des médias sociaux sur notre vie quotidienne et nos relations.

1

LE PAYSAGE NUMÉRIQUE MODERNE ET LE BESOIN DE VALIDATION

Le monde numérique d'aujourd'hui offre une variété sans précédent de plateformes et de moyens pour les individus de se connecter, de partager et de s'exprimer. Les femmes, en particulier, sont des utilisatrices actives de ces plateformes, chacune ayant ses propres spécificités et attirant des comportements et des interactions uniques.

Au-delà de la simple interaction, les réseaux sociaux ont radicalement transformé la façon dont nous percevons et interagissons avec le monde autour de nous. Ils ont réduit les distances, brisé les barrières géographiques et révolutionné notre capacité à nous connecter avec des personnes du monde entier. En un clic, nous pouvons partager des idées, des opinions et des expériences avec une portée mondiale, créant une communauté interconnectée qui transcende les frontières traditionnelles de la communication.

Dans cette ère numérique, les plateformes de médias sociaux telles que Facebook, Instagram, Twitter et Snapchat, ainsi que des sites de rencontre comme Tinder et Bumble, ont gagné une importance sans précédent. Ce ne sont plus seulement des outils pour rester en contact avec la famille et les amis, mais aussi des espaces d'expression personnelle, de construction de l'identité et de validation sociale.

Pour les femmes en particulier, ces plateformes offrent à la fois des opportunités et des défis uniques. Elles permettent aux femmes de se connecter, de s'exprimer et de se soutenir mutuellement. Cependant, elles peuvent également contribuer à des sentiments d'insécurité, de compétition et de pression pour atteindre une image ou un certain niveau de validation sociale.

Dans ce contexte, comprendre comment les femmes

naviguent dans le paysage numérique actuel est plus pertinent que jamais. Les choix qu'elles font, les plateformes qu'elles utilisent le plus et la façon dont elles interagissent avec les autres sur ces plateformes peuvent avoir un impact significatif sur leur estime de soi, leur bien-être mental et leurs relations. Ce premier chapitre cherche à dépeindre le paysage actuel des médias sociaux et à déterminer comment la validation sociale s'inscrit dans ce tableau.

Facebook est l'un des géants incontestés des médias sociaux. C'est une plateforme qui privilégie les liens existants - les amis, la famille, les collègues - et encourage le partage de contenu varié, des mises à jour de statut aux photos, en passant par les liens d'articles. Les femmes ont tendance à utiliser Facebook pour rester en contact avec les autres et partager des moments importants de leur vie, ce qui peut parfois entraîner une pression pour maintenir une image positive en ligne.

Facebook, en tant que géant incontesté des médias sociaux, a acquis une notoriété impressionnante. Il ne se contente pas d'être un simple espace où les gens se réunissent et partagent leurs idées. Il est devenu un pôle de connexions complexes, tissé dans le tissu même de nos interactions quotidiennes. Cette plateforme privilégie les liens existants - amis, famille, collègues - et encourage activement le partage de contenu varié. Les mises à jour de statut, les photos, les liens d'articles, les vidéos en direct , tout cela fait partie de la mosaïque colorée qu'est Facebook aujourd'hui.

Pour les femmes, en particulier, Facebook joue souvent un rôle essentiel en tant que canal de communication. Il leur permet de rester en contact avec les autres, de partager des moments importants de leur vie, de célébrer des victoires, de partager des moments tristes et de tout le reste. Cela peut aller de l'annonce d'une naissance à la célébration d'un nouvel emploi, en passant par le partage d'articles ou de vidéos qui les ont touchées.

Cependant, ce besoin de partager et de rester connecté peut parfois entraîner une pression pour maintenir une image positive en ligne . Il y a une tendance insidieuse à vouloir présenter la" meilleure "version de soi-même, un phénomène souvent appelé "l'effet Facebook ". Cette pression de se conformer à une idéalisation constante de la vie quotidienne peut avoir un impact considérable sur la santé mentale et émotionnelle des femmes , créant parfois un écart entre la réalité de leur vie quotidienne et l 'image qu 'elles projettent sur

Facebook.

Ce paradoxe fait partie intégrante de la complexité des interactions des femmes avec Facebook et, par extension , avec l'ensemble des médias sociaux . Il est donc crucial de comprendre ces dynamiques et leur impact sur le bien -être des femmes pour naviguer efficacement dans ce paysage numérique moderne. Instagram, une autre plateforme populaire, met l'accent sur le visuel. Les utilisateurs partagent des photos et des vidéos, souvent soigneusement éditées et filtrées. Les femmes sont particulièrement actives sur Instagram, où la tendance à la perfection visuelle peut accroître la pression pour présenter une vie "parfaite" ou idéalisée, alimentant ainsi le besoin de validation par les "likes" et les commentaires.

Les femmes sont particulièrement actives sur Instagram, utilisant la plateforme non seulement comme un espace de partage personnel , mais aussi comme un lieu de travail , un forum de réseautage et un moyen d'expression créative.

Instagram, avec son esthétique visuelle distinctive et sa culture du " bien paraître ", peut cependant exacerber une certaine pression pour présenter une vie "parfaite" ou idéalisée. Cet idéal peut prendre de nombreuses formes : des corps parfaitement sculptés, des voyages exotiques,des assiettes de nourriture artistiquement arrangées, des maisons immaculées, tout cela contribue à un paysage numérique hautement stylisé. Cet impératif de perfection visuelle peut nourrir le besoin de validation par les " likes " et les commentaires. Chaque post devient une évaluation publique, chaque " like " une validation de la perfection projetée.

Les femmes peuvent se retrouver à courir après ces " likes ", ces validations externes. Cette tendance peut avoir des effets potentiellement négatifs sur la confiance en soi et l'estime de soi, créant un cycle vicieux de dépendance à la validation.

Il est donc essentiel de comprendre comment cette dynamique fonctionne sur Instagram et comment elle influence les perceptions des femmes de leur valeur et de leur image corporelle. De cette compréhension peut découler des stratégies pour naviguer plus sainement dans ce paysage numérique souvent trompeur.

Twitter, par rapport à d 'autres plateformes de médias sociaux, est distinctement axé sur le texte et le partage rapide d 'informations. Les utilisateurs partagent des pensées, des opinions et des nouvelles en 280 caractères ou moins, créant une forme de communication succincte et immédiate . C'est une plateforme qui a redéfini l' engagement public , le journalisme citoyen et l' expression de soi en ligne, ouvrant une nouvelle voie de dialogue public. Pour les femmes sur Twitter, le paysage peut être à la fois enrichissant et intimidant. Les opportunités d'expression, de plaidoyer et d'engagements sont vastes. Les femmes peuvent trouver sur Twitter une plateforme pour leurs voix, un espace pour partager des idées et faire entendre leurs opinions. En même temps, Twitter peut être une source de pression : la pression de l' engagement public, de rester au courant de l' actualité, de participer à des discussions en temps réel, de formuler des pensées éloquemment en un nombre limité de caractères.

De plus, Twitter est plus sombre. Le potentiel de harcèlement ou de critiques négatives est malheureusement bien réel, avec de nombreuses femmes rapportant des expériences de harcèlement en ligne. Cette réalité peut exacerber le besoin de validation et d'approbation, et peut aussi créer une anxiété autour de l'expression de soi et du partage d'opinions.

Il est donc important de prendre en compte la nature unique de Twitter lors de l'examen de l'impact des médias sociaux sur l'image de soi et la validation. Comprendre comment les femmes naviguent dans cette plateforme, face à la fois aux opportunités et aux défis qu'elle présente, peut nous aider à mieux comprendre les dynamiques de validation sur les réseaux sociaux.

TikTok, le nouveau venu dans le paysage des réseaux sociaux, est une plateforme axée sur le partage de courtes vidéos, souvent accompagnées de musique populaire. Depuis son lancement en 2016, TikTok a connu une ascension fulgurante et est rapidement devenu un phénomène culturel, particulièrement parmi les jeunes utilisateurs. La plateforme est connue pour son algorithme de recommandation hautement efficace, qui permet aux utilisateurs de découvrir de nouveaux contenus en fonction de leurs préférences passées, ce qui facilite une consommation de contenu rapide et séduisante.

L'audience de TikTok est fortement féminine, avec une majorité de femmes et de jeunes filles parmi ses utilisateurs les plus actifs. Les femmes sur TikTok sont des créatrices, des spectatrices, et des participantes à des tendances virales, contribuant à la culture vibrante et en constante évolution de la plateforme. La possibilité de devenir "viral " sur TikTok, d'avoir une vidéo qui attire l'attention de millions de personnes est à la fois un attrait et une pression pour de nombreuses utilisatrices.

Cette quête de viralité sur TikTok stimule une

dynamique de création constante. Les utilisatrices sont encouragées à produire du contenu, souvent en suivant des tendances populaires, dans le but d'attirer l'attention et la validation des autres. Cette dynamique peut avoir un impact significatif sur l'image de soi et le besoin de validation. La pression de la performance, l'envie de s'intégrer, la peur du rejet, et la joie de l'approbation peuvent se mélanger dans l'expérience des femmes sur Tik Tok.

Comprendre comment les femmes naviguent dans cette nouvelle forme de médias sociaux, avec ses opportunités et ses défis uniques, est essentiel pour saisir l'impact complet des médias sociaux sur la validation et l'image de soi.

Les sites de rencontres comme Tinder, Bumble ou Match.com sont aussi des espaces numériques importants où les femmes cherchent validation et attention. Ces sites, axés sur l'établissement de relations amoureuses ou de rencontres, peuvent parfois exacerber la pression de se présenter sous un jour attrayant et intéressant. La nature de la rencontre en ligne, où les utilisateurs "balayent" rapidement les profils, peut également contribuer à un sentiment de comparaison et de compétition, renforçant le besoin de validation.

Chacune de ces plateformes, avec ses propres spécificités, façonne la façon dont les femmes interagissent en ligne et perçoivent leur besoin de validation. Dans les sections suivantes, nous examinerons en profondeur comment ces dynamiques fonctionnent et comment elles influencent l'estime de soi et les relations.

La quête de validation et d'attention sur ces plateformes est une dynamique qui façonne largement l'expérience des utilisateurs. Sur les réseaux sociaux, la validation est souvent quantifiée et rendue visible à travers les "j'aime", les partages, les commentaires et les abonnements. Ces chiffres sont devenus des indicateurs de popularité et de réussite sociale, et peuvent avoir une influence significative sur l'estime de soi et la perception de sa valeur personnelle.

Les femmes, comme les hommes, cherchent cette validation en ligne, mais l'expérience peut être amplifiée par des facteurs sociaux et culturels spécifiques. Par exemple, les stéréotypes de genre traditionnels qui valorisent l'apparence physique des femmes peuvent conduire à une pression accrue pour poster des images attrayantes ou à obtenir de l'approbation pour l'apparence physique sur des plateformes comme Instagram. Les femmes peuvent également ressentir une pression pour présenter une image de vie "parfaite" ou idéalisée, ajoutant une autre dimension à la quête de validation.

De plus, les sites de rencontres ajoutent une autre couche de complexité à la quête de validation. La nature intrinsèque de ces plateformes, qui implique de juger et d'être jugé principalement sur la base de photos et d'un bref profil, peut intensifier le besoin de validation. Le rejet ou l'acceptation sur ces plateformes peut avoir un impact significatif sur l'estime de soi des utilisateurs.

Cependant, il est important de noter que tous les utilisateurs de réseaux sociaux n'ont pas la même quête de validation, et cette quête peut être influencée par de nombreux facteurs, tels que l'âge, la culture, la personnalité et les expériences personnelles. Il est également crucial de se rappeler que la validation obtenue en ligne est souvent éphémère et peut ne pas contribuer à une estime de soi durable ou à un bonheur à long terme.

Afin d'étoffer notre compréhension de ces dynamiques, il est essentiel de se tourner vers des recherches rigoureuses et fiables. Les enquêtes sur l'utilisation des réseaux sociaux par les femmes peuvent donner une idée de la fréquence et du contexte d'utilisation de ces plateformes. Par exemple, des études ont montré que les femmes sont plus susceptibles que les hommes d'utiliser des réseaux sociaux pour se connecter avec d'autres, pour partager et pour s'informer. Il serait intéressant d'examiner ces tendances de plus près pour voir comment elles se traduisent en une quête de validation.

Les recherches sur la psychologie derrière le besoin de validation peuvent également nous donner des informations précieuses. Le besoin de validation est un aspect fondamental de l'expérience humaine, lié à notre désir inné de connexion et d'appartenance. Des études ont montré que la validation sociale peut influencer notre comportement, nos attitudes et même notre perception de nous-mêmes. En comprenant ces dynamiques psychologiques, nous pouvons mieux comprendre pourquoi les réseaux sociaux, qui offrent une validation sociale immédiate et quantifiable, peuvent être si attractifs.

Des études spécifiques sur l'interaction entre l'utilisation des réseaux sociaux et l'estime de soi peuvent également être précieuses. Par exemple, certaines recherches suggèrent que l'utilisation intensive des réseaux sociaux peut être associée à une faible estime de soi, à de l'anxiété et à la dépression.

Il serait important d'examiner ces études pour comprendre les liens potentiels entre la quête de validation sur les réseaux sociaux et les effets sur la santé mentale.

Ces recherches, et d'autres similaires, seront essentielles pour éclairer notre discussion dans les prochains chapitres. En nous appuyant sur ces recherches, nous pourrons explorer les impacts plus profonds de la quête de validation sur les réseaux sociaux, et comment ces impacts peuvent se manifester dans les relations entre hommes et femmes.

En conclusion, le paysage numérique moderne offre une variété de plateformes qui permettent aux femmes de se connecter, de partager et de s'exprimer. Cependant, ces plateformes sont également des arènes pour la quête d'attention et de validation. Qu'il s'agisse de Facebook, Instagram, Twitter, TikTok ou des sites de rencontre, chacune de ces plateformes, avec ses propres spécificités, façonne la façon dont les femmes interagissent en ligne et perçoivent leur besoin de validation.

Le besoin de validation n'est pas nouveau, il est profondément enraciné dans la psychologie humaine. Cependant, les réseaux sociaux offrent une forme de validation immédiate, quantifiable et publique qui peut renforcer ce besoin. Les femmes, confrontées à des pressions sociales et culturelles particulières, peuvent ressentir ce besoin de manière aigüe.

Les recherches dans ce domaine sont essentielles pour comprendre l'ampleur et les conséquences de cette dynamique. Les enquêtes sur l'utilisation des réseaux sociaux, les études sur le besoin de validation et les recherches sur l'impact de l'utilisation des réseaux sociaux sur l'estime de soi et la santé mentale peuvent tous contribuer à éclairer ce sujet complexe.

Ce premier chapitre a établi le terrain pour notre exploration de la quête de validation sur les réseaux sociaux et de son impact sur les relations entre les hommes et les femmes. Nous avons examiné les mécanismes de base qui motivent notre interaction avec ces plateformes, comment la structure de chaque plateforme façonne nos comportements et nos interactions, et comment ces comportements peuvent être influencés par des facteurs tels que le genre.

Au travers de cette enquête préliminaire, nous avons commencé à comprendre l'ampleur de la quête de validation et comment elle se manifeste sur différentes plateformes. Nous avons également commencé à comprendre les implications de cette quête de validation, notamment en ce qui concerne la pression pour maintenir une image positive en ligne, la tendance à la perfection visuelle , la pression de l'engagement public , et le besoin constant d'attirer l'attention et la validation des autres.

Dans les chapitres suivants, nous approfondirons ces questions, en examinant de plus près comment la quête de validation peut influencer la perception de soi et la façon dont nous nous présentons aux autres. Nous explorerons également comment cette quête de validation peut influencer nos relations et nos interactions dans le monde réel, allant au-delà des écrans de nos smartphones et ordinateurs. Nous nous pencherons également sur les conséquences potentielles de cette quête sur notre santé mentale et notre bien-être émotionnel.

En outre, nous nous interrogerons sur le rôle des différents acteurs dans la promotion ou la mitigation de cette quête de validation - des entreprises technologiques aux influenceurs, en passant par les utilisateurs eux-mêmes. Nous explorerons également les stratégies potentielles pour gérer cette quête de validation et promouvoir une utilisation plus saine et plus équilibrée des médias sociaux.

Ce chapitre n'est que le début de notre recherche pour comprendre la complexité de notre relation avec les médias sociaux et leur impact sur notre vie quotidienne.

2

LA PERCEPTION DE SOI ET L'IMAGE IDÉALISÉE

Dans le monde numérique d'aujourd'hui, les réseaux sociaux jouent un rôle déterminant dans la façon dont nous nous percevons et nous nous présentons au monde. Ils nous offrent une plateforme pour partager des aspects spécifiques de notre vie, de nos pensées et de nos personnalités avec un public à la fois large et varié. Cette interaction numérique constante nous donne la possibilité de diffuser une image de nous-mêmes , que ce soit une version polie , améliorée ou même idéalisée de notre réalité.

La dynamique de cette mise en scène auto-dirigée a des implications profondes pour notre image de soi et notre auto-évaluation. Nous devenons les acteurs principaux, les réalisateurs et les critiques de notre propre spectacle social. Dans cette mise en scène, chaque photo partagée, chaque statut mis à jour et chaque commentaire publié sont autant de moyens par lesquels nous nous engageons dans l'acte complexe de l'auto présentation.

Cependant, le pouvoir de contrôler ce que nous partageons, comment nous le partageons, et comment il est perçu par les autres, est à double tranchant. D'une part, cela nous permet de modeler notre identité numérique selon nos désirs, de mettre en avant nos réussites et de nous affirmer dans la sphère sociale en ligne. D'autre part, cette liberté peut conduire à une pression constante pour correspondre à une certaine image ou répondre à certaines attentes, ce qui peut à son tour influencer notre perception de nous-mêmes en dehors du monde numérique.

Il est essentiel de noter que, bien que cette dynamique puisse exister pour tous les utilisateurs de médias sociaux, les expériences peuvent varier considérablement en fonction de facteurs tels que le genre. Dans le contexte de ce livre, nous explorons plus particulièrement comment les femmes naviguent dans cet environnement complexe et quelles en sont les conséquences pour leur image de soi et leur auto-évaluation.

Pour de nombreuses femmes, les réseaux sociaux servent de scène numérique pour présenter une version idéalisée d'elles-mêmes, soigneusement conçue et sculptée pour le monde extérieur. Ces "versions idéalisées" sont souvent influencées par des idéaux sociétaux profondément ancrés, y compris des stéréotypes de genre traditionnels, des normes de beauté dominantes et des attentes de réussite sociale et professionnelle.

Cet idéal auto-créé peut être articulé par une multitude de moyens sur les réseaux sociaux : l'utilisation de filtres photographiques pour améliorer les apparences, la sélection méticuleuse des photos à publier pour montrer uniquement les moments les plus enviables, et la rédaction soignée des légendes pour donner le ton souhaité à chaque publication. Ces éléments convergent pour créer une image en ligne qui peut souvent ressembler plus à une œuvre d'art finement travaillée qu'à une représentation précise de la réalité quotidienne.

Cela dit, il est crucial de reconnaître que cette présentation idéalisée n'est pas simplement un produit de la vanité ou de l'égocentrisme. Au contraire, elle est souvent le résultat de pressions sociales subtiles mais omniprésentes pour se conformer à des standards souvent inatteignables. C'est une danse délicate entre la réalité de la vie quotidienne et l'idéal souvent inaccessible que la société semble demander.

En fin de compte, bien que ces versions idéalisées puissent offrir une certaine validation sous la forme de likes et de commentaires positifs, elles peuvent aussi créer une dissonance cognitive lorsque la réalité ne correspond pas à l'image projetée en ligne. Cela peut conduire à une tension interne, à une insatisfaction de soi et à une pression accrue pour maintenir l'image idéalisée, créant un cycle potentiellement néfaste d'autoprésentation et d'auto-évaluation.

Dans ce contexte numérique intensément connecté, l'auto-évaluation peut devenir inextricablement liée à la façon dont on est perçu en ligne. Les "j'aime", les commentaires positifs et les partages peuvent se transformer en métriques quantifiables de l'approbation sociale, devenant ainsi de puissantes sources de validation et de renforcement de l'estime de soi. Ils peuvent servir de baromètre à l'affirmation de soi, permettant une forme de feedback instantané sur notre valeur personnelle en fonction de la manière dont nos publications sont reçues.

Cependant, cette dépendance à la validation externe peut présenter des dangers psychologiques significatifs. Plutôt que de baser notre estime de soi sur une auto-évaluation réfléchie, la reconnaissance de nos forces et la valorisation de nos qualités intrinsèques, nous risquons de laisser notre estime de soi fluctuer en fonction de variables extérieures incontrôlables. En d'autres termes, notre estime de soi peut devenir comme une feuille dans le vent des médias sociaux, flottant en fonction des courants de likes et de commentaires.

L'instabilité de l'estime de soi qui en résulte peut mener à une série de conséquences néfastes. Lorsque notre valeur personnelle dépend de la réception de nos publications sur les réseaux sociaux, chaque "j'aime" manquant ou chaque commentaire négatif peut être ressenti comme un rejet personnel, entraînant une diminution de l'estime de soi et, potentiellement, des sentiments d'anxiété ou de dépression.

En outre, cette dépendance à la validation externe peut entraîner une spirale de comparaison sociale, dans laquelle nous mesurons constamment notre valeur en fonction de la perception que nous avons de la valeur des autres sur les réseaux sociaux. Cette comparaison peut mener à un sentiment d'infériorité, alimentant encore plus notre besoin de validation et notre dépendance aux réseaux sociaux.

En outre, l'un des effets secondaires omniprésents de l'utilisation des réseaux sociaux est l'exacerbation de la comparaison sociale. La comparaison sociale est une tendance humaine naturelle, un mécanisme évolutif qui nous aide à comprendre notre place dans la société. Cependant, dans le contexte des réseaux sociaux, ce mécanisme peut prendre une tournure toxique.

En étant constamment exposés à des images idéalisées d'autres personnes, des représentations de réussites spectaculaires, de relations idylliques et de corps parfaitement sculptés, il peut être facile de se sentir insatisfait de sa propre vie ou de sa propre apparence. C'est ce qu'on appelle la comparaison sociale vers le haut, lorsque nous nous comparons à des personnes que nous percevons comme étant mieux que nous d'une certaine manière. Cette forme de comparaison peut provoquer des sentiments d'infériorité, d'insuffisance et de frustration.

Ce cycle de comparaison sociale négative peut avoir un impact sérieux sur l'estime de soi et le bien-être mental. Il peut mener à une perception déformée de soi, où nous nous évaluons non pas sur la base de nos propres valeurs et accomplissements, mais sur la façon dont nous nous mesurons par rapport aux représentations souvent irréalistes que nous voyons en ligne. Cela peut conduire à une baisse de l'estime de soi, à des sentiments de dépression, d'anxiété, et dans certains cas extrêmes, à des troubles alimentaires ou à d'autres problèmes de santé mentale.

Il est donc essentiel de développer une conscience critique des réseaux sociaux, de comprendre que ce que nous voyons en ligne n'est souvent qu'une petite partie soigneusement construite et idéalisée de la réalité des autres. Il est également important de se rappeler que notre valeur personnelle ne se mesure pas à notre capacité à correspondre à ces images idéalisées, mais à notre intégrité, à notre gentillesse, à nos valeurs, et à la façon dont nous traitons les autres.

Cependant, il est important de noter que l'utilisation des réseaux sociaux n'a pas toujours des effets négatifs sur l'estime de soi. Pour certaines personnes, les réseaux sociaux peuvent se transformer en une source puissante d'inspiration, de motivation et de soutien social. En effet, ils offrent la possibilité de se connecter à des individus, groupes et communautés qui partagent les mêmes intérêts ou valeurs, de se tenir informé des tendances et des nouvelles du monde, de s'engager dans des causes importantes, ou même de découvrir de nouvelles perspectives et idées.

Les réseaux sociaux peuvent aussi être un outil pour l'autopromotion et le développement de soi, que ce soit pour le lancement d'une entreprise, la mise en valeur d'un portfolio artistique, la promotion d'un événement caritatif ou la partage d'accomplissements personnels. Dans de tels cas, les likes, commentaires et partages peuvent fonctionner comme des encouragements constructifs et des renforcements positifs, nourrissant la confiance en soi et la motivation.

Cependant, ces avantages ne sont pas sans risques. L'important est de comprendre et de gérer les aspects potentiellement nuisibles de l'utilisation des réseaux sociaux, tout en profitant des bénéfices qu'ils peuvent offrir. Cela pourrait impliquer de limiter le temps passé en ligne, de faire preuve de discernement sur les contenus que l'on consomme et partage, d'être conscient des ses réactions émotionnelles face aux publications des autres, et de pratiquer l'auto compassion et l'acceptation de soi.

La compréhension des risques et la mise en place de stratégies de gestion saines peuvent aider à naviguer dans le monde complexe des médias sociaux, en transformant ces plateformes en outils d'épanouissement personnel plutôt qu'en sources de stress et d'anxiété.

Un élément incontournable de l'écosystème des réseaux sociaux est le rôle des "influenceurs". Les influenceurs sont des individus qui ont acquis un grand nombre d'abonnés sur les réseaux sociaux et qui utilisent cette plateforme pour partager leur vie, leurs opinions et, bien souvent, pour promouvoir des produits ou des marques. Ces figures du numérique, qu'elles soient des célébrités dans le monde traditionnel ou des stars nées sur le web, détiennent un pouvoir considérable en termes de modelage des perceptions et des comportements.

Le rôle des influenceurs va bien au-delà de simples

recommandations de produits. En partageant des aspects de leur vie personnelle et quotidienne, ils construisent une sorte de relation para-sociale avec leurs abonnés. Ces relations, bien que unilatérales, peuvent provoquer un fort sentiment d'identification et d'intimité. Les followers peuvent se sentir connectés à l'influenceur, le considérer comme un ami ou un modèle, et donc être fortement influencés par ses actions, ses choix et ses opinions.

En outre, les influenceurs peuvent façonner les normes et les attentes en matière de beauté, de mode, de style de vie et de comportement. Leur présence constante et leur impact significatif peuvent conduire à la normalisation de certains standards, qu'il s'agisse d'idéaux de beauté spécifiques, de modes de vie luxueux, de choix alimentaires ou de pratiques de fitness. Cela peut avoir des conséquences significatives sur la perception de soi de leurs abonnés, sur leur estime de soi et sur leur comportement d'achat.

Cependant, il est crucial de rappeler que le contenu partagé par les influenceurs est souvent soigneusement curé et mis en scène, présentant une version idéalisée et souvent irréaliste de leur vie. La prise de conscience de cette réalité est un premier pas important vers une consommation plus saine et plus critique des médias sociaux.

Les influenceurs sont souvent perçus comme ayant atteint un idéal de beauté, de succès ou de style de vie, et leur vie en ligne est souvent soigneusement orchestrée pour renforcer cette image. C'est un métier qui requiert une gestion méticuleuse de l'image publique, avec des publications soigneusement sélectionnées, éditées et planifiées pour maintenir et améliorer leur marque personnelle.

Pour de nombreuses femmes, suivre ces influenceurs peut être une source d'inspiration, mais aussi de pression. Elles peuvent être motivées par les voyages glamour, les séances d'entraînement intenses, les garde-robes de designer, les relations apparentes et le succès professionnel que ces influenceurs semblent avoir. Cependant, l'aspiration à ces idéaux peut aussi entraîner une pression psychologique et émotionnelle considérable.

La pression pour atteindre ces idéaux de beauté et de succès peut être intense, d'autant plus que les images idéalisées partagées par les influenceurs peuvent donner l'impression que ces idéaux sont facilement accessibles. Cela peut créer une illusion de facilité et de réalisme qui n'est souvent pas alignée avec les réalités de la vie quotidienne.

En outre, la monétisation des réseaux sociaux par les influenceurs peut aussi augmenter la pression sur les abonnés. Les promotions de produits de beauté, de vêtements, de suppléments alimentaires et de services peuvent suggérer que l'achat de ces produits est un moyen rapide et facile d'atteindre les idéaux promus. Cela peut conduire à une consommation excessive et à une insatisfaction constante avec sa propre vie.

Dans ce contexte, il est crucial d'adopter une perspective critique face à la représentation de la vie par les influenceurs et de comprendre les mécanismes de monétisation et de manipulation qui peuvent être à l'œuvre. Cela permet de mieux naviguer dans le monde des réseaux sociaux, en profitant de ses aspects positifs tout en évitant ses pièges.

Les influenceurs, avec leur large portée et leur impact potentiel, jouent un rôle majeur dans la définition et la diffusion des normes de beauté et de succès dans la culture numérique actuelle. En raison de leur influence, ils ont la capacité de modeler les attentes et les idéaux de leurs abonnés. Par leur représentation de la vie quotidienne comme étant sans défaut, glamour et pleine de réussites, ils peuvent contribuer à renforcer des normes de beauté irréalistes et des attentes de succès excessives.

Ces attentes peuvent être particulièrement prononcées pour les femmes, où les normes de beauté dominantes et les idéaux de réussite peuvent déjà être stricts et souvent inaccessibles. En conséquence, les femmes qui suivent ces influenceurs peuvent se retrouver à lutter avec une insatisfaction personnelle accrue et une pression intense pour se conformer à ces idéaux.

Plus que jamais, la représentation de soi en ligne peut sembler être un indicateur direct de la valeur personnelle, exacerbant les sentiments d'insécurité et de jugement de soi. La validation externe, sous forme de "j'aime" et de commentaires, peut sembler être le seul moyen d'évaluer son propre succès, ce qui peut entraîner une dépendance à l'égard de ces formes de validation.

Cependant, il est important de se rappeler que l'image de vie parfaite présentée par les influenceurs est souvent une représentation soigneusement orchestrée et ne reflète pas la complexité et les défis de la vie réelle. Une approche plus saine de l'utilisation des réseaux sociaux implique une consommation consciente et critique, ainsi qu'une reconnaissance des limites et des biais inhérents à ces plateformes.

Cependant, il est également crucial de reconnaître que tous les influenceurs ne se consacrent pas à la diffusion d'idéaux inaccessibles ou irréalistes. En effet, une sous-catégorie croissante d'influenceurs utilise activement leurs plateformes pour promouvoir un discours alternatif, centré sur l'acceptation de soi, l'authenticité, et l'affirmation positive du corps. Ces influenceurs délaissent la représentation d'une vie soigneusement éditée et choisissent de partager les hauts et les bas, les réussites et les échecs, les moments de joie mais aussi les moments de lutte.

Ces influenceurs body-positive, qui célèbrent la diversité corporelle et luttent contre les stéréotypes de genre, peuvent jouer un rôle précieux dans la remise en question des normes de beauté restrictives et des attentes de succès irréalistes. En partageant des contenus qui mettent en avant l'authenticité et l'acceptation de soi, ils créent des espaces en ligne où les followers peuvent se sentir soutenus et validés, quels que soient leur corps, leur parcours de vie ou leurs expériences.

De plus, ils encouragent leurs abonnés à se

concentrer moins sur l'opinion des autres et plus sur leur propre bien-être et épanouissement personnel. Cette perspective peut contribuer à une auto-évaluation plus stable et moins dépendante des likes et des commentaires des autres.

Toutefois, malgré ces efforts positifs, la présence d'influenceurs promouvant l'acceptation de soi n'élimine pas totalement le potentiel de pression et de comparaison sociale sur les réseaux sociaux. Il est donc essentiel de consommer les contenus des réseaux sociaux de manière consciente et critique.

Il est impératif de comprendre le rôle des influenceurs dans le paysage des réseaux sociaux et les pressions potentielles qu'ils peuvent exercer, car ils constituent un aspect significatif de notre interaction quotidienne avec ces plateformes. Leur influence est profonde : ils dictent non seulement les tendances en matière de mode, de beauté, de fitness, mais peuvent aussi influencer notre image de soi, nos comportements, nos choix de vie et même notre perception de ce que signifie être réussi ou épanoui.

Les images et les messages que les influenceurs partagent, et la façon dont nous les interprétons, peuvent façonner nos attentes, nos désirs et notre perception de nous-mêmes. Les likes, commentaires, partages, et la validation qui en découlent, peuvent modifier notre auto-évaluation, tant positivement que négativement. Ils peuvent renforcer notre confiance en nous lorsqu'ils sont positifs, mais ils peuvent aussi nous faire douter de nous-même et affecter notre bien-être psychologique lorsqu'ils sont négatifs.

Dans le même ordre d'idée, ces dynamiques influencent également la manière dont nous percevons les autres et nos interactions avec eux. Elles jouent un rôle significatif dans la manière dont les hommes et les femmes se perçoivent mutuellement et interagissent, que ce soit en ligne ou dans la vie réelle. Ces perceptions et interactions peuvent être teintées par les idéaux et les normes véhiculés par les influenceurs, créant ainsi une complexité supplémentaire dans le tissu de nos relations.

C'est une dimension fascinante de l'ère des réseaux sociaux et une qui nécessite une analyse

plus approfondie. Ainsi, dans la section suivante, nous nous pencherons plus spécifiquement sur la manière dont ces dynamiques des médias sociaux et le rôle des influenceurs peuvent affecter les relations entre les hommes et les femmes dans le contexte réel, et pas seulement numérique.

Démêler ces problématiques complexes requiert un soutien indéfectible de la recherche académique et empirique. Des études minutieuses sur l'impact des réseaux sociaux sur l'image de soi sont absolument essentielles pour décrypter et comprendre l'ampleur des effets potentiels que ces plateformes ont sur notre auto-évaluation. Cela nécessite une exploration approfondie de plusieurs domaines de recherche.

Tout d'abord, nous devons examiner comment la représentation de soi en ligne est modelée par le désir d'attirer l'attention et d'obtenir de la validation. Cela implique d'étudier les motivations qui sous-tendent nos publications sur les réseaux sociaux, la manière dont nous sélectionnons et modifions les photos que nous partageons, et comment nous élaborons nos biographies et nos statuts. De plus, nous devons enquêter sur les effets psychologiques de ces actions, comme la dépendance aux "likes" ou la crainte des réactions négatives.

Ensuite, il est crucial d'étudier comment cette représentation de soi en ligne influence notre perception de soi dans la réalité. Ceci inclut l'examen des effets de la comparaison sociale en ligne, de la pression pour se conformer aux idéaux promus sur les réseaux sociaux, et de l'impact de la validation en ligne sur l'estime de soi. Cela demande également une réflexion sur les effets à long terme de ces dynamiques, y compris le risque potentiel de troubles de l'image corporelle, d'anxiété et de dépression.

Enfin, nous devons envisager des recherches sur les mesures potentielles pour atténuer les effets négatifs de l'utilisation des réseaux sociaux sur l'image de soi. Cela pourrait inclure le développement d'interventions éducatives pour promouvoir une utilisation saine des réseaux sociaux, des études sur l'efficacité des filtres de contenu et des fonctionnalités de bien-être mental sur les plateformes de médias sociaux, et des recherches sur les méthodes pour renforcer l'estime de soi et la résilience en ligne.

Ces domaines de recherche sont d'une importance cruciale si nous voulons comprendre pleinement et répondre efficacement à l'impact des réseaux sociaux sur l'auto-évaluation.

En outre, le rôle des influenceurs dans la création, la consolidation et la diffusion des normes de beauté et d'idéaux de succès mérite une exploration minutieuse. Les recherches sur ces acteurs clés, leur impact sur leurs followers, et comment ils contribuent à façonner la culture des réseaux sociaux sont d'une importance primordiale. Cela nécessite un vaste champ d'études qui va bien au-delà de la simple observation des interactions en ligne.

Nous devons examiner comment les followers interagissent avec le contenu des influenceurs, une tâche qui nécessite des analyses qualitatives et quantitatives. Quels types de contenu génèrent le plus d'engagement ? Quels sont les sentiments et les émotions exprimés dans les commentaires ? Comment les followers perçoivent-ils la vie des influenceurs et comment réagissent-ils face à la célébrité, la réussite ou l'opulence affichées ?

Nous devons également déterminer comment les followers sont influencés par le contenu des influenceurs. Cela pourrait impliquer des enquêtes pour comprendre comment les attitudes, les comportements et les croyances des followers peuvent être modifiés par l'exposition à ce contenu. Par exemple, les followers adoptent-ils les produits, les styles de vie, les valeurs ou les idéaux promus par les influenceurs ? En outre, quels sont les facteurs qui déterminent si un follower sera positivement ou négativement influencé ?

De plus, il est crucial de comprendre comment les

followers gèrent la pression pour se conformer aux idéaux promus par ces influenceurs. Quelles stratégies utilisent-ils pour naviguer dans le paysage souvent intimidant et insatisfaisant des normes de beauté et de réussite irréalistes ? Comment parviennent-ils à maintenir leur estime de soi face à la comparaison sociale constante que ces plateformes encouragent ?

En outre, il serait bénéfique d'étudier comment les influenceurs eux-mêmes perçoivent leur rôle et leur impact sur leurs followers. Comment gèrent-ils la responsabilité qui découle de leur

influence ? Comment abordent-ils la création de contenu et comment naviguent-ils dans les dilemmes éthiques potentiels ?

Toutes ces questions représentent des domaines de recherche nécessaires pour comprendre pleinement le rôle des influenceurs dans la culture des réseaux sociaux et leur impact sur l'image de soi.

Les résultats de ces recherches seront d'une valeur inestimable pour éclairer les discussions dans ce chapitre et les chapitres à venir, aidant à construire une image plus complète de l'impact des réseaux sociaux sur la perception de soi et les relations entre hommes et femmes.

Ces découvertes donneront une perspective plus nuancée et une compréhension plus profonde des complexités et des dynamiques en jeu. Au-delà de l'éclairage sur le comment et le pourquoi des comportements individuels, les recherches pourront aider à comprendre les tendances sociétales plus larges, à identifier les schémas de comportement courants et à mettre en lumière les implications psychologiques et émotionnelles de l'interaction avec les médias sociaux.

De plus, les informations obtenues de ces recherches peuvent aider à informer les stratégies d'intervention et de prévention. En comprenant les aspects spécifiques des réseaux sociaux qui exacerbent les problèmes d'image de soi et d'auto-évaluation, nous pourrons concevoir des interventions plus ciblées et efficaces. Ces interventions pourraient inclure l'éducation aux médias numériques, le développement de compétences de résilience face aux pressions des médias sociaux, ou le soutien pour naviguer dans les défis spécifiques posés par les interactions avec les influenceurs.

Enfin, ces recherches pourraient contribuer à une réflexion plus large sur le rôle des réseaux sociaux dans nos vies. Comment pouvons-nous utiliser ces plateformes de manière saine et équilibrée ? Comment pouvons-nous naviguer dans le monde des médias sociaux tout en préservant notre bien-être mental et notre estime de soi ? Comment pouvons-nous cultiver des communautés en ligne positives et de soutien ? Les réponses à ces questions auront des implications importantes pour notre utilisation individuelle et collective des réseaux sociaux, et ce livre espère contribuer à ces discussions importantes.

Ce chapitre a exploré comment les réseaux sociaux peuvent influencer notre perception de nous-mêmes, et comment ils encouragent souvent la projection d'une image idéalisée de la réussite et de la beauté. Les "influenceurs" jouent un rôle important dans la définition de ces idéaux, souvent inaccessibles, ce qui peut mener à des sentiments de manque et d'insuffisance chez les utilisateurs réguliers de ces plateformes.

En outre, la comparaison constante avec les autres sur les réseaux sociaux peut entraîner des sentiments de dévalorisation et d'inadéquation. Cela peut être particulièrement dommageable pour les femmes, qui sont souvent confrontées à des normes de beauté et de réussite particulièrement strictes et idéalisées.

Dans le prochain chapitre, nous examinerons comment ces dynamiques se jouent dans le contexte des relations interpersonnelles, en explorant comment la quête de validation sur les réseaux sociaux peut affecter les relations entre les hommes et les femmes dans la vie réelle.

51

ENTRE L'ÉCRAN ET LA RÉALITÉ

3

L'IMPACT SUR LES RELATIONS INTERPERSONNELLES

Dans le monde hyperconnecté d'aujourd'hui, la frontière entre les relations en ligne et hors ligne est de plus en plus floue. Les interactions en ligne, en particulier sur les réseaux sociaux, peuvent avoir un impact significatif sur nos relations hors ligne. Les réseaux sociaux, avec leur capacité à rendre visibles instantanément et globalement nos vies personnelles, sont devenus une force omniprésente façonnant notre façon d'interagir, de communiquer et de se rapporter aux autres.

Ce chapitre explorera comment la quête de validation sur les réseaux sociaux peut influencer les relations réelles, en mettant l'accent sur les interactions entre hommes et femmes. Nous nous interrogerons sur la manière dont la quête de "likes", de partages et de commentaires positifs peut modifier les dynamiques relationnelles. Comment la projection d'une version idéalisée de soi en ligne peut-elle affecter les attentes et les comportements dans les relations réelles ? Comment les pressions pour atteindre des standards de beauté, de succès ou de style de vie, amplifiées par la culture des réseaux sociaux, peuvent-elles se répercuter dans notre façon de nous percevoir et de percevoir les autres dans le monde réel ?

Nous explorerons également les conséquences spécifiques de ces dynamiques pour les relations entre les hommes et les femmes. Nous examinerons les façons dont les stéréotypes de genre peuvent être renforcés ou contestés dans l'environnement des réseaux sociaux, et comment cela peut, à son tour, influencer les attentes et les comportements dans les relations entre les sexes. De plus, nous discuterons de l'impact de la quête de validation en ligne sur la dynamique du pouvoir dans les relations et la communication entre hommes et femmes.

Enfin, ce chapitre cherchera à faire la lumière sur les

moyens de naviguer de manière saine et équilibrée dans cet environnement complexe. En comprendre les défis et les pièges peut nous aider à utiliser les réseaux sociaux d'une manière qui renforce plutôt que d'amoindrir nos relations et notre bien-être.

Les réseaux sociaux offrent aux femmes une plateforme pour se présenter sous un jour favorable, souvent en mettant en avant les aspects les plus positifs et les plus réussis de leur vie, qu'il s'agisse de réussites professionnelles, d'aventures de voyage, de moments de bonheur familial ou de présentations élégantes de leur apparence physique. Cette image idéalisée, qui est souvent soigneusement éditée et filtrée, peut créer une pression sur les autres, en particulier sur les partenaires masculins, pour qu'ils se conforment à certaines attentes ou normes qui sont exacerbées dans le monde numérique.

Par exemple, ils peuvent se sentir obligés de projeter une image de "partenaire idéal", à la fois affectueux et attentionné, mais également fort et sûr de lui. Ils peuvent ressentir le besoin de maintenir et de montrer un certain niveau de réussite professionnelle ou financière pour correspondre à l'image de réussite que leur partenaire féminin peut projeter en ligne. Ils peuvent également se sentir sous pression pour respecter des normes de beauté spécifiques, comme l'entretien physique, le choix du style vestimentaire, et même participer à des routines de "selfie" ou à des séances photos pour compléter la représentation en ligne de leur partenaire.

De plus, il peut y avoir une pression indirecte pour participer à la création et au maintien de cette image idéalisée. Cela peut prendre la forme de prendre des photos, de commenter ou de "liker" des posts, ou de participer à des activités spécifiquement destinées à être partagées sur les réseaux sociaux. Cela peut également créer une tension si le partenaire masculin est moins intéressé ou à l'aise avec cette projection publique de la vie personnelle.

En somme, l'utilisation des réseaux sociaux par les femmes peut non seulement influencer leur propre perception de soi, mais aussi façonner les attentes et les comportements de leur partenaire masculin, ce qui peut avoir un impact significatif sur la dynamique de leur relation.

De surcroît, la validation recherchée activement sur les réseaux sociaux peut parfois entrer en conflit avec les besoins et les exigences d'une relation réelle, créant un décalage entre le monde en ligne et le monde réel. L'attente constante de "j'aime" et de commentaires positifs, la poursuite de l'approbation des followers, peut devenir une distraction, voire une obsession, qui occupe une part importante de l'esprit et du temps d'une personne.

Ce besoin constant d'engagement en ligne peut détourner l'attention des interactions réelles, laissant moins de temps et d'énergie pour des conversations significatives, des moments de qualité et une intimité non filtrée avec un partenaire. Cette focalisation sur la vie en ligne peut également donner lieu à des sentiments de frustration ou de négligence chez le partenaire, qui peut se sentir moins valorisé que l'audience en ligne, créant ainsi des tensions dans les relations.

Par ailleurs, la préoccupation constante pour la perception en ligne peut introduire une dynamique de performance dans la relation, où les moments sont évalués en fonction de leur potentiel de partage en ligne plutôt que de leur signification personnelle. Les occasions spéciales, les sorties ou même les moments intimes peuvent être interrompus par la nécessité de capturer la "photo parfaite" ou de composer le post idéal, ce qui peut saper la spontanéité et l'authenticité de l'expérience partagée.

Finalement, cette recherche incessante de validation en ligne peut également générer un stress supplémentaire et une pression pour maintenir une image de couple idéalisée en ligne, qui peut ne pas refléter la complexité et les défis inhérents à toute relation réelle. Cette discordance peut générer des sentiments de déception, d'insécurité ou de doute, mettant encore plus à l'épreuve la solidité et la stabilité de la relation.

En outre, l'omniprésence et l'accessibilité des réseaux sociaux peuvent également créer des opportunités pour la jalousie, les malentendus et la méfiance, en ouvrant une fenêtre sur des interactions qui, dans un autre contexte, resteraient privées. Les interactions en ligne, comme les "j'aime" sur des photos ou les commentaires, peuvent être scrutées et interprétées de manière erronée, alimentant des sentiments d'insécurité ou de jalousie.

Ces sentiments peuvent être amplifiés par la nature publique des interactions sur les réseaux sociaux, où chaque action est visible non seulement pour le partenaire, mais aussi pour un large public. Une interaction innocente avec un ami, un collègue ou un ancien partenaire peut être mal interprétée, déclenchant des disputes, des sentiments d'insécurité, ou même des comportements de surveillance ou de contrôle.

De plus, l'omniprésence des réseaux sociaux peut également introduire de nouvelles formes de jalousie et d'insécurité. Par exemple, le sentiment de manquer ou d'être exclu, souvent appelé "FOMO" (Fear of Missing Out), peut être exacerbé par le flux constant de photos et de statuts mettant en scène des amis, des connaissances et même des étrangers vivant des expériences apparemment excitantes ou des moments heureux.

Enfin, la nature instantanée des réseaux sociaux, où les nouvelles et les informations sont partagées en temps réel, peut également créer une attente de communication constante qui peut devenir étouffante et épuisante. Si ces attentes ne sont pas satisfaites, cela peut conduire à des malentendus, à des sentiments de négligence ou à des préoccupations concernant la loyauté et la dévotion du partenaire.

Cependant, il est important de souligner que les réseaux sociaux ne sont pas uniquement une source de problèmes pour les relations. En effet, ils peuvent également offrir une pléthore de moyens pour communiquer, partager des expériences et renforcer les liens entre les individus. Ils permettent aux utilisateurs de rester connectés avec leurs proches, même à des kilomètres de distance, créant un sentiment d'intimité numérique. Des messages d'anniversaire aux félicitations pour un nouvel emploi, en passant par le partage de moments précieux par le biais de photos et de vidéos, les réseaux sociaux offrent une multitude de moyens pour célébrer les succès, soutenir dans les moments difficiles et maintenir un lien constant.

De plus, ils peuvent également offrir des opportunités pour le développement personnel et la croissance de la relation. Par exemple, ils peuvent permettre aux couples de se découvrir mutuellement de nouvelles facettes, d'apprendre des choses l'un de l'autre et d'approfondir leur compréhension mutuelle. Les partenaires peuvent découvrir des intérêts communs, des idées pour des activités à partager, et même des perspectives et des points de vue qui peuvent enrichir leur relation.

Enfin, dans certaines circonstances, les réseaux sociaux peuvent servir d'outil pour résoudre les conflits. Ils peuvent offrir un espace pour s'exprimer et se faire entendre, permettant parfois une communication plus réfléchie et nuancée.

Cependant, la clé est d'utiliser ces outils de manière consciente et réfléchie , en gardant toujours à l'esprit leur potentiel d'impact - positif et négatif - sur les relations réelles . Cela implique de comprendre les avantages et les inconvénients des différentes plateformes et fonctionnalités , de maintenir des limites saines et de faire preuve d' empathie et de respect dans toutes les interactions en ligne.

La construction d'une image idéalisée sur les réseaux sociaux peut parfois mener à des attentes irréalistes dans les relations réelles. En effet, cette image en ligne, souvent méticuleusement élaborée, hautement filtrée, et scrupuleusement mise en scène, peut présenter une vie faussement parfaite et sans faille, rendant la vie réelle, avec ses hauts et ses bas, sa complexité et ses imperfections, terne en comparaison.

Dans cet environnement numérique idéalisé, chaque instant semble être une célébration, chaque relation semble être sans conflit et chaque individu semble être au sommet de sa forme physique et mentale. Cette représentation filtrée et idéalisée de la réalité peut créer une norme d'excellence qui est presque impossible à atteindre dans la vie réelle, créant ainsi une fausse idée de ce que devrait être une vie "normale" ou une relation "normale".

Dans ce contexte, les partenaires dans une relation,

en particulier les hommes, peuvent se sentir sous une pression énorme pour correspondre à l'image projetée en ligne par leur partenaire féminin. Ils peuvent sentir qu'ils sont constamment comparés à cette image idéalisée, et se sentir insuffisants s'ils ne peuvent pas atteindre cette perfection apparente. Cette pression pour correspondre à une image idéalisée peut créer une tension inutile dans la relation, susciter des sentiments d'insécurité, et même conduire à des comportements malsains, comme la surperformance ou le retrait émotionnel.

De plus, il est important de noter que ces attentes irréalistes ne sont pas uniquement créées par l'individu qui partage une image idéalisée. Elles sont également alimentées par la culture des réseaux sociaux en général, qui valorise le partage des meilleurs moments de la vie et la projection d'une image de réussite constante. Cette culture peut encourager un cycle d'attentes irréalistes, dans lequel chacun se sent obligé de vivre à la hauteur de l'image projetée par les autres, perpétuant ainsi un cycle de pression et d'insatisfaction.

La différence notable entre la communication numérique et la communication face à face peut aggraver les tensions et les incompréhensions dans les relations interpersonnelles. Sur les réseaux sociaux, nous avons effectivement le luxe de pouvoir prendre notre temps pour composer, éditer, filtrer et même réfléchir à nos messages avant de les partager. Nous pouvons soigneusement sélectionner les mots que nous utilisons, nous assurer que notre message est interprété de la manière que nous avons prévue, et même contrôler l'image de nous-mêmes que nous présentons à travers nos publications.

Dans les interactions en face à face, en revanche, la communication est instantanée, spontanée et beaucoup plus nuancée. Elle implique des signaux non verbaux comme le langage corporel, le ton de la voix, les expressions faciales et même le contact visuel, qui peuvent tous contribuer à la signification globale d'un message. Contrairement à la communication en ligne, où l'on peut contrôler et filtrer chaque mot et chaque image, la communication face à face est beaucoup plus complexe et moins contrôlable.

Cette disparité peut mener à des malentendus et à des conflits. Les attentes créées par une communication soigneusement contrôlée en ligne peuvent ne pas correspondre à la réalité des interactions face à face, où la spontanéité et l'authenticité sont au cœur de la communication. Par exemple, une personne peut être perçue comme éloquente et confiante en ligne grâce à ses publications soigneusement éditées, mais peut apparaître comme timide ou réservée dans les interactions en face à face. Cela peut mener à des déceptions et à des tensions lorsque les attentes créées en ligne ne sont pas remplies dans les interactions réelles.

De plus, le désir de maintenir une image en ligne idéalisée peut parfois interférer avec la capacité d'être authentique dans les interactions face à face. Une personne peut se sentir sous pression pour correspondre à l'image qu'elle a créée d'elle-même en ligne, limitant ainsi sa capacité à être elle-même dans les interactions réelles. Cette dissonance entre l'image en ligne et l'identité réelle peut créer des tensions dans les relations et mener à un sentiment de d'insatisfaction personnelle.

En outre, la communication numérique peut parfois prendre le dessus sur la communication face à face, engendrant un écart et une certaine froideur dans les relations interpersonnelles réelles. Les couples peuvent, dans certains cas, passer plus de temps à interagir via les écrans qu'à échanger et partager en personne. Cette dynamique peut graduellement affaiblir leur lien émotionnel, rendant leurs interactions superficielles et privées de la richesse et de la profondeur que l'on retrouve souvent dans les communications en face à face.

Cette situation peut se transformer en un cercle vicieux. Plus les interactions numériques prennent de l'ampleur, moins il y a de place pour les échanges réels et authentiques. Cela peut conduire à une impression de solitude, même en présence de l'autre, car les échanges en ligne ne remplacent pas l'aspect humain, émotionnel et physique de la communication. Les nuances subtiles, le partage d'émotions, le langage corporel, le simple plaisir d'être en présence de l'autre, tous ces éléments essentiels d'une relation peuvent être négligés.

Par ailleurs, cette sur-reliance sur la communication numérique peut conduire à une interprétation excessive ou une mauvaise interprétation des messages en ligne, car l'absence de signaux non verbaux peut rendre les intentions ou le ton du message ambigu. Une simple phrase peut être interprétée de multiples façons, ce qui peut mener à des malentendus et des disputes inutiles. Cette dynamique peut, à son tour, créer plus de distance et de tension dans la relation, démontrant ainsi l'importance de maintenir un équilibre entre la communication en ligne et la communication face à face.

Cependant, il est crucial de souligner que la communication numérique, en soi, n'est pas intrinsèquement mauvaise ou nuisible. Elle peut, en réalité, être un outil incroyablement puissant pour rester connecté, partager des moments et des expériences, et maintenir des liens malgré la distance physique. Elle s'avère particulièrement précieuse dans une époque comme la nôtre, où un nombre croissant d'interactions sociales et professionnelles se déroulent à distance, rendant la communication numérique inévitable, voire indispensable.

Le véritable défi est donc de parvenir à trouver un équilibre sain et équilibré entre les interactions en ligne et hors ligne. Cela implique de comprendre et de respecter les avantages et les limites de chaque mode de communication, et d'apprendre à les utiliser de manière complémentaire plutôt que concurrentielle.

En outre, il est essentiel de s'efforcer de maintenir une communication authentique, ouverte et respectueuse, quel que soit le contexte ou le canal de communication. Cela peut impliquer de faire preuve de transparence sur nos sentiments et nos préoccupations, d'écouter activement l'autre et de respecter ses sentiments et ses points de vue, et d'essayer de résoudre les conflits de manière constructive et respectueuse. De même, il peut être utile de prendre du temps pour la réflexion et le calme, afin de prévenir les malentendus et les conflits qui peuvent surgir de communications précipitées ou maladroites.

Enfin, il est également important de se rappeler que, même si les réseaux sociaux et les technologies numériques font désormais partie intégrante de notre vie, ils ne remplacent pas les interactions réelles et les relations authentiques. Il est donc important de valoriser et de préserver ces relations, en prenant le temps de se déconnecter et de passer du temps de qualité avec les personnes qui comptent pour nous.

Afin d'étoffer et d'appuyer de manière crédible les points discutés tout au long de ce chapitre, il sera impératif de nous appuyer sur une variété d'études et de recherches rigoureuses concernant les impacts des réseaux sociaux sur les relations interpersonnelles. Les recherches qui examinent comment l'utilisation des réseaux sociaux peut affecter non seulement la qualité globale des relations, mais aussi les niveaux de satisfaction relationnelle, la communication interpersonnelle, et la gestion des conflits, seront particulièrement pertinentes pour notre discussion.

Parmi ces études, celles qui analysent l'impact de l'usage des réseaux sociaux sur le développement et le maintien des relations à long terme, comme les relations de couple ou les amitiés durables, seront d'un grand intérêt. Des recherches qui s'intéressent à comment les comportements en ligne peuvent affecter la confiance, l'intimité et la satisfaction dans les relations seraient également très instructives.

De plus, les études qui s'attachent à comprendre les dynamiques de pouvoir dans les relations à l'ère des réseaux sociaux, ou comment l'usage des réseaux sociaux peut affecter les relations entre les genres et les dynamiques familiales, apporteraient une dimension supplémentaire à notre analyse.

En outre, nous pourrions également tirer profit des recherches qui se concentrent sur les stratégies d'adaptation et les solutions possibles pour atténuer les effets négatifs des réseaux sociaux sur les relations interpersonnelles. Ces études pourraient inclure des recommandations sur comment maintenir un équilibre sain entre la vie en ligne et hors ligne, ou des conseils sur comment utiliser les réseaux sociaux pour renforcer plutôt que nuire aux relations.

En synthèse, l'exploration de ces diverses recherches et études permettra non seulement d'éclairer les discussions dans ce chapitre, mais également de fournir des recommandations pratiques et fondées sur des preuves pour naviguer dans le paysage complexe des réseaux sociaux et des relations interpersonnelles.

Par ailleurs, des études qui scrutent l'impact de la création d'une image en ligne et la quête incessante de validation via les réseaux sociaux sur les attentes et les réalités des relations personnelles seront d'une pertinence indéniable. Cette investigation pourrait inclure des recherches sur les normes de beauté et de succès véhiculées par les plateformes sociales, et comment ces normes peuvent manipuler les attentes, voire engendrer des pressions au sein des interactions interpersonnelles.

Cela pourrait impliquer l'examen de recherches se concentrant sur la manière dont les individus gèrent la dichotomie entre leur image en ligne, souvent idéalisée et soigneusement construite, et leur réalité personnelle. Des études examinant comment
La quête de validation en ligne peut affecter l'auto -perception , et par conséquent , la dynamique des relations réelles, seraient particulièrement utiles.

Il serait également pertinent d'explorer les recherches sur la façon dont les influenceurs et les célébrités sur les réseaux sociaux contribuent à façonner ces normes de beauté et de succès. Les études sur la façon dont les followers interagissent avec ces images idéalisées, comment ils les internalisent , et comment cela peut affecter leurs attentes dans leurs propres relations, pourraient fournir un éclairage précieux.

En outre, des recherches sur la manière dont les réseaux sociaux peuvent accentuer les inégalités de genre en termes d'attentes et de pressions relationnelles seraient également pertinentes. Il serait important de comprendre comment ces normes peuvent affecter différemment les hommes et les femmes, et comment elles peuvent contribuer à renforcer des stéréotypes de genre restrictifs.

Finalement, la combinaison de ces recherches fournira une vue d'ensemble plus approfondie des implications complexes des réseaux sociaux dans nos relations personnelles. Ces études permettront de mieux comprendre les implications psychologiques et sociologiques de la culture des réseaux sociaux, et fourniront des orientations précieuses pour ceux qui cherchent à naviguer dans cet espace de manière saine et authentique.

L'utilisation omniprésente des réseaux sociaux dans nos vies quotidiennes peut avoir un impact significatif, parfois transformateur, sur les relations interpersonnelles. En effet, l'ère numérique dans laquelle nous vivons a changé de manière indéniable la façon dont nous interagissons les uns avec les autres, ajoutant une autre couche de complexité à la dynamique des relations humaines.

De nombreuses études, réalisées par des chercheurs du monde entier, ont consacré du temps et des ressources à explorer cet impact, mettant en évidence l'influence omniprésente des réseaux sociaux sur notre façon de construire et de maintenir des relations. Elles ont examiné des aspects clés des relations, tels que la qualité des interactions, la satisfaction ressentie à l'égard des relations, les formes de communication utilisées et les stratégies de gestion des conflits.

Ces études ont exploré, par exemple, comment la construction d'une image de soi sur les réseaux sociaux peut influencer la façon dont les autres nous perçoivent, ce qui peut à son tour affecter la qualité de nos relations. Elles ont examiné comment la validation recherchée sur les réseaux sociaux peut affecter notre satisfaction dans les relations réelles, ce qui peut parfois mener à des sentiments de jalousie, d'insécurité ou de mécontentement.

Les recherches ont également examiné comment les réseaux sociaux modifient la manière dont nous communiquons, introduisant de nouvelles formes de dialogue et d'interaction, mais aussi de nouveaux défis en matière de malentendus et d'interprétation. Enfin, elles ont exploré comment les réseaux sociaux peuvent affecter la manière dont nous gérons les conflits dans nos relations, parfois en exacerbant les problèmes existants ou en créant de nouvelles sources de tension.

Ces travaux de recherche, pris dans leur ensemble, soulignent l'impact considérable et parfois perturbant des réseaux sociaux sur nos relations interpersonnelles, mettant en évidence la nécessité d'une navigation réfléchie et consciente de ces plateformes dans nos interactions quotidiennes.

Dans le paysage numérique contemporain, les réseaux sociaux offrent aux individus une plateforme d'une facilité déconcertante pour nouer des liens avec d'autres. Que ce soit à travers des photos, des mises à jour de statut ou des messages directs, ces plateformes numériques permettent de partager des aspects de nos vies avec un public plus large que jamais auparavant. Toutefois, il est important de noter que ces connexions, bien que facilement accessibles et omniprésentes, peuvent parfois être superficielles et manquer de profondeur, entravant ainsi notre capacité à établir et à entretenir des relations profondes et significatives.

La nature même de la communication en ligne peut contribuer à cette superficialité. Souvent, les interactions en ligne sont caractérisées par des échanges brefs et intermittents qui manquent de la continuité et de la cohérence des conversations en face à face. Cela peut donner lieu à des malentendus et à des perceptions erronées, car les nuances subtiles de la communication non verbale, comme le ton de la voix, le langage corporel et l'expression faciale, sont perdues.

De plus, la communication en ligne peut manquer de l'authenticité et de l'intimité qui caractérisent souvent les relations hors ligne de haute qualité. L'usage répandu des filtres et de la mise en scène, ainsi que la possibilité de contrôler et d'éditer ce que l'on partage en ligne, peuvent conduire à la création de versions idéalisées de nous-mêmes, qui ne reflètent pas toujours notre véritable personnalité ou notre réalité. Cette déconnexion entre notre identité en ligne et notre identité réelle peut créer une barrière à l'authenticité, rendant difficile l'établissement de relations sincères et intimes.

Dans ce contexte, il est impératif de reconnaître et de naviguer judicieusement dans ces défis inhérents à la communication en ligne. Il est important de chercher des moyens de cultiver l'authenticité, l'intimité et la profondeur dans nos interactions en ligne, afin de pouvoir établir et maintenir des relations réellement significatives, même dans l'espace numérique.

L'image idéalisée que beaucoup d'individus présentent sur les réseaux sociaux peut être source d'un décalage problématique entre l'imaginaire et la réalité, et ainsi, générer des attentes démesurées en ce qui concerne les relations dans la vie réelle. Cela découle souvent de la représentation sélective et souvent embellie de la vie que les gens choisissent de partager en ligne. Ces images soigneusement sélectionnées, où chaque moment semble parfait, chaque repas est délicieux, chaque voyage est époustouflant et chaque relation semble idyllique, peuvent donner l'impression que la perfection est la norme.

En conséquence, de nombreux individus peuvent ressentir une pression pour que leurs relations dans la vie réelle correspondent à ces représentations idéalisées, ce qui peut entraîner une diminution de la satisfaction relationnelle. Lorsque les interactions quotidiennes, qui peuvent être marquées par des désaccords, des défis et des moments d'ennui - des aspects normaux de toute relation humaine - sont comparées à ces images idéalisées, elles peuvent sembler insuffisantes.

Parallèlement à cela, les comparaisons sociales, largement facilitées par les réseaux sociaux, peuvent également affecter négativement la satisfaction relationnelle. L'exposition constante à des images de bonheur et de perfection peut engendrer des sentiments d'insuffisance, en créant une impression que la vie des autres est plus heureuse, plus réussie ou simplement meilleure. Cette perception peut susciter des sentiments de jalousie, d'insatisfaction et de frustration, ce qui peut nuire à la qualité des relations interpersonnelles.

Dans le contexte de ces défis, il est crucial de maintenir une perspective équilibrée et réaliste des relations, en reconnaissant que la vie réelle n'est pas toujours aussi parfaite que ce qui peut être dépeint sur les réseaux sociaux. Il est également important de comprendre que la valeur et la qualité d'une relation ne doivent pas être évaluées en fonction de normes irréalistes, mais plutôt en fonction de critères plus authentiques et significatifs, tels que la compréhension mutuelle, le respect, l'amour et le soutien.

Les réseaux sociaux, tout en offrant une plateforme supplémentaire pour l'échange d'informations et le maintien de la connectivité, peuvent parfois constituer un obstacle à une communication efficace et authentique. Le mode de communication en ligne a un caractère intrinsèquement différent de la communication en face à face. Il repose en grande partie sur des textes écrits et des images, privant les utilisateurs des nuances subtiles et du contexte que l'on peut trouver dans les interactions en personne.

Les messages écrits, bien que faciles à partager et à diffuser, peuvent manquer des nuances subtiles qui sont souvent présentes dans la communication orale. Le ton de la voix, les expressions faciales, le langage corporel et même

Les silences, tous ces éléments de la communication non verbale sont absents de la communication en ligne. Par conséquent, il peut être facile de mal interpréter les intentions ou les sentiments derrière un message, conduisant à des malentendus et des conflits inutiles.

De plus, la communication en ligne peut parfois se

substituer aux interactions face à face, diminuant la richesse et la profondeur des échanges. Lorsque les conversations importantes sont menées par des messages écrits ou des commentaires sur les réseaux sociaux, il peut manquer un niveau d'intimité et d'authenticité qui est souvent présent dans les discussions en face à face. La dépendance excessive à la communication en ligne peut conduire à une diminution de la qualité des relations, où les individus peuvent se sentir plus connectés à leurs

appareils qu'aux personnes autour d'eux.

Par ailleurs, l'omniprésence des réseaux sociaux peut favoriser l'immédiateté et la fréquence des interactions au détriment de leur profondeur. Le besoin constant de mettre à jour le statut, de vérifier les notifications et de répondre aux messages peut entraîner une   fragmentation
de l'attention , limitant la capacité à s 'engager dans des conversations profondes et significatives.

Dans ce contexte, il est important d'équilibrer l'utilisation des réseaux sociaux avec les interactions en face à face, et de reconnaître que chaque mode de communication a ses propres forces et limites. Les réseaux sociaux peuvent être un outil précieux pour maintenir des liens avec des amis et des proches éloignés géographiquement, mais ils ne doivent pas remplacer les interactions en face à face qui sont essentielles à des relations saines et épanouissantes.

Dans la sphère des interactions sociales modernes, les réseaux sociaux jouent un rôle majeur qui se reflète également dans la gestion des conflits dans les relations. Les tensions ou les malentendus qui naissent dans le monde virtuel des réseaux sociaux peuvent facilement franchir. La frontière du numérique pour affecter les relations réelles, exacerbant souvent les tensions existantes et compliquant la résolution des conflits.

Dans un environnement en ligne, les conflits peuvent survenir pour diverses raisons. Il peut s'agir de malentendus dus à des messages ambigus, de jalousies provoquées par des interactions avec d'autres utilisateurs, ou de tensions résultant de la diffusion publique de différends. Ces conflits peuvent facilement se répercuter dans les interactions hors ligne, créant une tension accrue et une atmosphère de conflit.

Par ailleurs, les réseaux sociaux peuvent également servir de plateforme pour l'expression publique des conflits. Cette publicité peut amplifier les désaccords, les rendant plus difficiles à résoudre. Lorsqu'un conflit est rendu public, il peut y avoir une pression supplémentaire pour "gagner" le conflit, ou il peut être plus difficile de faire des concessions sans perdre la face. De plus, l'implication d'autres personnes, qui peuvent prendre parti ou faire des commentaires, peut compliquer davantage le conflit et sa résolution.

L'intensité des conflits peut également être exacerbée par l'anonymat relatif que l'on peut ressentir en ligne. Les individus peuvent se sentir plus enclins à exprimer des sentiments négatifs ou à adopter un comportement agressif lorsqu'ils communiquent derrière un écran, par rapport à une confrontation en face à face. Cela peut intensifier les conflits et rendre leur gestion plus difficile.

Enfin, la présence constante des réseaux sociaux signifie que les conflits peuvent se poursuivre sans fin, sans la possibilité de prendre du recul et de se calmer. Les conflits peuvent ainsi devenir chroniques et épuisants, rendant plus difficile le rétablissement d'une relation saine.

Dans ce contexte, il est important d'apprendre à naviguer dans les conflits qui se manifestent en ligne. Cela peut inclure le développement de compétences en communication numérique, la séparation des conflits en ligne et hors ligne, et la reconnaissance des limites de la résolution des conflits sur les réseaux sociaux. Les utilisateurs doivent également être conscients de l'impact que la communication en ligne peut avoir sur leurs relations et prendre des mesures pour minimiser les effets négatifs.

L'ampleur de l'influence des réseaux sociaux sur les relations interpersonnelles ne peut être sous-estimée, comme le montrent une multitude d'études et de recherches approfondies sur le sujet. Ces recherches démontrent les différentes manières dont les réseaux sociaux peuvent influencer nos relations, affectant la qualité des interactions, la satisfaction relationnelle, la communication, et la manière dont les conflits sont gérés.

L'utilisation des réseaux sociaux peut modifier la dynamique des relations, en introduisant de nouveaux canaux de communication qui, tout en permettant de rester connecté à une large gamme de personnes, peuvent parfois manquer de l'authenticité et de l'intimité inhérentes aux interactions face à face. La présentation de soi sur ces plateformes, souvent idéalisée et soigneusement construite, peut engendrer des attentes irréalistes et augmenter la pression sur les individus dans leurs relations réelles. Cette dichotomie entre les vies en ligne et hors ligne peut parfois entraîner une insatisfaction relationnelle et des sentiments d'insuffisance.

De plus, la communication en ligne, bien qu'utile pour maintenir des liens lorsque les interactions en face à face sont impossibles ou limitées, peut parfois entraver une communication efficace. Les malentendus peuvent facilement survenir en raison du manque de contexte et de nuances dans les interactions en ligne, et l'excès de communication digitale peut parfois remplacer les précieuses interactions face à face, diminuant l'intimité et l'authenticité de la communication.

L'impact des réseaux sociaux ne se limite pas à la communication. Ils peuvent également influencer la manière dont les conflits sont gérés dans les relations. Les tensions qui émergent en ligne peuvent s'infiltrer dans la vie réelle, exacerbant les tensions existantes et compliquant la résolution des conflits.

Ces études soulignent l'importance d'une utilisation réfléchie et consciente des réseaux sociaux. Il est impératif d'apprendre à naviguer dans cet espace numérique tout en maintenant une communication authentique et ouverte, en gérant les attentes et en minimisant les malentendus. Les utilisateurs doivent apprendre à équilibrer leurs interactions en ligne et hors ligne, à éviter de laisser leur vie numérique empiéter sur leurs relations réelles, et à utiliser les réseaux sociaux de manière à soutenir plutôt qu'à entraver leurs relations. En somme, ces études illustrent la complexité de la navigation dans l'ère digitale et la nécessité d'une utilisation attentive et équilibrée des réseaux sociaux pour le maintien de relations interpersonnelles saines et satisfaisantes.

Les réseaux sociaux facilitent la connexion avec un grand nombre d'individus, mais ces relations peuvent parfois être superficielles. La recherche de Valkenburg et Peter (2007) a trouvé que les adolescents qui utilisent Internet plus fréquemment pour communiquer ont rapporté des niveaux plus élevés de bien-être social. Cependant, d'autres études suggèrent que cette augmentation du bien-être social pourrait être compensée par une diminution de la qualité des relations plus intimes (Kraut et al., 1998).

Les images idéalisées présentées sur les réseaux sociaux peuvent créer des attentes irréalistes pour les relations hors ligne. Une étude de Haferkamp **American Psychologist, 53(9), 1017.** et Kramer (2011) a trouvé que l'usage des réseaux sociaux peut mener à une insatisfaction relationnelle accrue à cause de la comparaison sociale.

Bien que les réseaux sociaux offrent une plateforme

supplémentaire pour la communication, ils peuvent parfois entraver une communication efficace. Derks et al. (2008) ont trouvé que l'usage de la communication électronique en milieu de travail peut mener à une diminution de l'authenticité et de l'intimité de la communication, peuvent influencer la manière dont les conflits sont gérés dans les relations. Les conflits qui émergent en ligne peuvent s'infiltrer dans la vie réelle, exacerbant les tensions existantes.

Au cours de ce chapitre, nous avons exploré comment la recherche de validation et d'attention sur les réseaux sociaux peut perturber les relations interpersonnelles, notamment entre les hommes et les femmes. Les attentes irréalistes alimentées par les médias sociaux peuvent créer des tensions et des malentendus, et la communication numérique peut parfois sembler plus facile ou moins risquée que la communication face à face.

Cependant, il est important de noter que le véritable échange, la connexion et la compréhension nécessitent une communication réelle, souvent en personne. Les émoticônes ne peuvent pas remplacer l'expression faciale, le ton de la voix, et la présence réelle.

À partir des témoignages et des études examinées, il est clair que les réseaux sociaux peuvent avoir un impact significatif sur la qualité et la nature de nos relations. Dans le chapitre suivant, nous examinerons les conséquences psychologiques et émotionnelles de ces comportements.

4

LES CONSÉQUENCES PSYCHOLOGIQUES ET ÉMOTIONNELLES

Les réseaux sociaux, en alimentant la comparaison sociale, peuvent avoir un impact néfaste sur la santé mentale (Fardouly et al., 2015). L'illusion d'une vie parfaite, constamment présentée sur ces plateformes, peut conduire à des sentiments d'insuffisance, d'envie et de

frustration (Chou & Edge, 2012). De plus, l'obsession de la validation à travers les likes et les commentaires peut créer une dépendance et une insatisfaction chronique, des facteurs qui peuvent contribuer à des problèmes de santé mentale comme l'anxiété et la dépression (Appel et al., 2016).

De nombreuses études ont mis en évidence un lien entre une utilisation excessive des réseaux sociaux et des symptômes d'anxiété et de dépression (Primack et al., 2017). L'interaction constante et la surveillance sociale peuvent augmenter le stress et l'anxiété (Verduyn et al., 2017). De même que, le sentiment d'exclusion.

Pour soutenir ces points, il faudrait des études psychologiques et sociologiques sur l'impact des réseaux sociaux sur la santé mentale. Des enquêtes sur le temps passé sur les réseaux sociaux et la corrélation avec l'anxiété et la dépression seraient particulièrement utiles (Twenge et al., 2018).

En examinant ces impacts, il est important de souligner que l'utilisation des réseaux sociaux n'est pas la seule cause de ces problèmes de santé mentale, mais elle peut en être un facteur contributif. De plus, les effets peuvent varier en fonction de facteurs individuels tels que l'estime

Ainsi, la manière dont nous utilisons et interagissons avec les réseaux sociaux peut avoir des conséquences significatives sur notre bien-être psychologique et émotionnel. Dans le prochain chapitre, nous examinerons des stratégies pour minimiser ces impacts négatifs et promouvoir une utilisation saine des réseaux sociaux.

Le cyberharcèlement est une forme de harcèlement qui se produit via les médias numériques, notamment les réseaux sociaux. Il peut impliquer la diffusion de rumeurs, l'humiliation, l'intimidation et la menace (Kowalski et al., 2014). Des études suggèrent que les femmes sont plus susceptibles d'être victimes de cyberharcèlement que les hommes (Mishna et al., 2010).

Les conséquences du cyberharcèlement peuvent être graves, conduisant à des problèmes de santé mentale tels que l'anxiété, la dépression et même le suicide (Hinduja & Patchin, 2010). Les victimes peuvent se sentir isolées, impuissantes et effrayées, ce qui peut avoir des répercussions à long terme sur leur estime de soi et leur bien-être général (Slonje et al., 2013).

Pour appuyer ces points, nous avons besoin d'études et de statistiques sur le cyberharcèlement, en particulier tel qu'il se produit sur les réseaux sociaux et affecte spécifiquement les femmes. Des recherches sur les conséquences psychologiques du cyber-harcèlement seront également nécessaires.

Dans l'ensemble, le cyberharcèlement représente un autre défi majeur associé à l'utilisation des réseaux sociaux. Dans le prochain chapitre, nous explorerons des moyens de créer un environnement en ligne plus sûr et plus respectueux.

À travers ce chapitre, nous avons pu mettre en lumière les dangers inhérents à l'utilisation des réseaux sociaux. L'image idéalisée de soi, promue et renforcée par ces plateformes, peut entraîner une pression psychologique intense et avoir un impact sur l'estime de soi et le bien-être mental. Les femmes, en particulier, peuvent se trouver prises dans un cycle de comparaison sociale constante et de recherche de validation, ce qui peut conduire à une détérioration de la santé mentale.

De plus, nous avons exploré les conséquences néfastes du cyberharcèlement, un phénomène préoccupant qui sévit sur ces plateformes. Les femmes sont souvent les cibles privilégiées de cette forme d'abus numérique, qui peut avoir des conséquences dévastatrices sur la santé mentale, allant de l'anxiété à la dépression, et dans les cas extrêmes, au suicide.

Il est crucial que ces questions soient abordées afin de créer un environnement en ligne plus sûr et plus respectueux. Dans les chapitres suivants, nous examinerons de plus près les solutions potentielles et les moyens par lesquels ces problèmes peuvent être atténués.

L'impact négatif des réseaux sociaux sur le bien-être mental et les relations interpersonnelles a été largement documenté, mais il est également important de noter que ces plateformes ne sont pas intrinsèquement nuisibles. En réalité, il existe des moyens de naviguer dans le monde numérique qui peuvent minimiser ces effets négatifs et promouvoir un environnement en ligne plus sain et plus positif.

Des stratégies d'adaptation telles que la déconnexion régulière, la création de limites d'utilisation, et le développement d'une mentalité critique à l'égard des images idéalisées sont autant de mesures qui peuvent aider à atténuer les pressions de ces plateformes.

Selon une étude de l'Université de Copenhague, la déconnexion numérique, aussi connue sous le nom de "détoxification numérique", peut améliorer le bien-être des utilisateurs en réduisant les sentiments de fatigue et de stress liés à la consommation excessive de médias sociaux (Tromholt, 2016).

D'autre part, le Dr Pamela Rutledge, dans son article

pour la revue Psychology Today, recommande de créer des limites autour de l'utilisation des réseaux sociaux et de pratiquer la "consommation consciente" pour éviter les pièges de la comparaison sociale (Rutledge, 2018).

En outre, développer une mentalité critique envers les images idéalisées sur les réseaux sociaux peut aider à atténuer l'impact négatif sur l'estime de soi. Des chercheurs de l'Université de Northwestern ont constaté que le fait d'apprendre aux jeunes femmes à reconnaître et à déconstruire ces images idéalisées peut réduire les effets négatifs sur l'image corporelle (Perloff, 2014).

Il est donc possible de modérer les impacts négatifs de ces plateformes en adoptant des stratégies d'adaptation saines et en promouvant une utilisation consciente des réseaux sociaux.

L'éducation à la littératie numérique joue un rôle crucial dans la navigation sûre et saine des réseaux sociaux. Il est essentiel de comprendre comment ces plateformes fonctionnent, comment l'information y est diffusée et comment discerner les représentations réalistes des représentations idéalisées.

Selon une recherche de l'Université d'Édimbourg,

l'éducation à la littératie numérique peut aider à développer une compréhension plus nuancée des réseaux sociaux et à renforcer l'esprit critique des utilisateurs face à l'information qu'ils consomment en ligne (Jones et al., 2015).

Par ailleurs, une étude de l'Université de Stanford a souligné l'importance d'une communication efficace dans la vie réelle, en particulier pour ceux qui utilisent fréquemment les réseaux sociaux. Les chercheurs ont découvert que l'interaction face à face favorise une meilleure compréhension et une meilleure empathie, deux éléments qui peuvent être compromis par une dépendance excessive aux communications numériques (Uhls et al., 2014).

La mise en place de programmes d'éducation et de formation qui mettent l'accent sur ces compétences peut donc aider à atténuer les effets négatifs des réseaux sociaux et à promouvoir des relations interpersonnelles plus saines.

Pour élaborer des stratégies adaptatives efficaces et identifier des solutions potentielles aux problèmes soulevés dans les chapitres précédents, il est nécessaire de consulter une gamme variée de recherches et d'articles sur les meilleures pratiques pour une utilisation saine des réseaux sociaux.

Une revue de la littérature parue dans le Journal of Medical Internet Research suggère que des pratiques telles que la limitation du temps passé en ligne, la suppression des applications de médias sociaux non essentielles et la mise en place de périodes de "déconnexion" peuvent aider à réduire la dépendance aux réseaux sociaux et à atténuer leurs effets néfastes (Schoenebeck et al., 2019).

De plus, plusieurs études ont examiné l'efficacité de l'éducation à la littératie numérique. Une étude menée par l'Université de Stanford a montré que les programmes de littératie numérique peuvent améliorer les compétences de recherche en ligne, la capacité à évaluer la fiabilité des sources d'information et la compréhension des problèmes de confidentialité et de sécurité en ligne (Wineburg et McGrew, 2017).

L'ensemble de ces recherches fournira des informations précieuses pour la mise en place de solutions viables et de stratégies d'adaptation aux problèmes liés à la recherche d'attention et de validation sur les réseaux sociaux.

En dépit des défis posés par l'utilisation des réseaux sociaux, notamment la recherche d'attention et de validation, la pression sociale et les risques pour la santé mentale, des solutions existent. Nous avons exploré certaines d'entre elles dans ce chapitre, notamment la littératie numérique et l'importance d'une communication efficace dans la vie réelle.

Les recherches présentées dans ce chapitre indiquent que l'éducation à la littératie numérique et l'adoption de meilleures pratiques pour une utilisation saine des réseaux sociaux peuvent avoir un impact positif. Elles permettent aux individus de naviguer de manière plus sûre et plus consciente dans l'environnement numérique, ce qui, à son tour, peut améliorer les relations interpersonnelles et le bien-être mental.

Néanmoins, il est essentiel de se rappeler que les solutions proposées ne sont pas des remèdes universels. Chaque individu a une expérience unique avec les médias sociaux, et la manière dont ces plateformes influencent leur vie dépend de nombreux facteurs, dont leur personnalité, leur environnement social et leurs expériences de vie.

Il est également crucial de continuer à rechercher et à développer des stratégies d'adaptation et des solutions aux problèmes que nous avons explorés dans ce livre. En fin de compte, l'objectif est de créer un environnement numérique qui soutient et améliore plutôt que de nuire à nos relations interpersonnelles et à notre bien-être mental.

93

5

SOLUTIONS ET STRATEGIES D'ADAPTATION

L'impact négatif des réseaux sociaux sur le bien-être mental et les relations interpersonnelles a été largement documenté, mais il est également important de noter que ces plateformes ne sont pas intrinsèquement nuisibles. En réalité, il existe des moyens de naviguer dans le monde numérique qui peuvent minimiser ces effets négatifs et promouvoir un environnement en ligne plus sain et plus positif.

Des stratégies d'adaptation telles que la déconnexion régulière, la création de limites d'utilisation, et le développement d'une mentalité critique à l'égard des images idéalisées sont autant de mesures qui peuvent aider à atténuer les pressions de ces plateformes.

Selon une étude de l'Université de Copenhague, la déconnexion numérique, aussi connue sous le nom de "détoxification numérique", peut améliorer le bien-être des utilisateurs en réduisant les sentiments de fatigue et de stress liés à la consommation excessive de médias sociaux (Tromholt, 2016).

D'autre part, le Dr Pamela Rutledge, dans son article pour la revue Psychology Today, recommande de créer des limites autour de l'utilisation des réseaux sociaux et de pratiquer la "consommation consciente" pour éviter les pièges de la comparaison sociale (Rutledge, 2018).

En outre, développer une mentalité critique envers les images idéalisées sur les réseaux sociaux peut aider à atténuer l'impact négatif sur l'estime de soi. Des chercheurs de l'Université de Northwestern ont constaté que le fait d'apprendre aux jeunes femmes à reconnaître et à déconstruire ces images idéalisées peut réduire les effets négatifs sur l'image corporelle (Perloff, 2014).

Il est donc possible de modérer les impacts négatifs de ces plateformes en adoptant des stratégies d'adaptation saines et en promouvant une utilisation consciente des réseaux sociaux.

L'éducation à la littératie numérique joue un rôle crucial dans la navigation sûre et saine des réseaux sociaux. Il est essentiel de comprendre comment ces plateformes fonctionnent, comment l'information y est diffusée et comment discerner les représentations réalistes des représentations idéalisées.

Selon une recherche de l'Université d'Édimbourg, l'éducation à la littératie numérique peut aider à développer une compréhension plus nuancée des réseaux sociaux et à renforcer l'esprit critique des utilisateurs face à l'information qu'ils consomment en ligne (Jones et al., 2015).

Par ailleurs, une étude de l'Université de Stanford a souligné l'importance d'une communication efficace dans la vie réelle, en particulier pour ceux qui utilisent fréquemment les réseaux sociaux. Les chercheurs ont découvert que l'interaction face à face favorise une meilleure compréhension et une meilleure empathie, deux éléments qui peuvent être compromis par une dépendance excessive aux communications numériques (Uhls et al., 2014).

La mise en place de programmes d'éducation et de formation qui mettent l'accent sur ces compétences peut donc aider à atténuer les effets négatifs des réseaux sociaux et à promouvoir des relations interpersonnelles plus saines.

Pour élaborer des stratégies adaptatives efficaces et identifier des solutions potentielles aux problèmes soulevés dans les chapitres précédents, il est nécessaire de consulter une gamme variée de recherches et d'articles sur les meilleures pratiques pour une utilisation saine des réseaux sociaux.

Une revue de la littérature parue dans le Journal of Medical Internet Research suggère que des pratiques telles que la limitation du temps passé en ligne, la suppression des applications de médias sociaux non essentielles et la mise en place de périodes de "déconnexion" peuvent aider à réduire la dépendance aux réseaux sociaux et à atténuer leurs effets néfastes (Schoenebeck et al., 2019).

De plus, plusieurs études ont examiné l'efficacité de l'éducation à la littératie numérique. Une étude menée par l'Université de Stanford a montré que les programmes de littératie numérique peuvent améliorer les compétences de recherche en ligne, la capacité à évaluer la fiabilité des sources d'information et la compréhension des problèmes de confidentialité et de sécurité en ligne (Wineburg et McGrew, 2017).

L'ensemble de ces recherches fournira des informations précieuses pour la mise en place de solutions viables et de stratégies d'adaptation aux problèmes liés à la recherche d'attention et de validation sur les réseaux sociaux.

En dépit des défis posés par l'utilisation des réseaux sociaux, notamment la recherche d'attention et de validation, la pression sociale et les risques pour la santé mentale, des solutions existent. Nous avons exploré certaines d'entre elles dans ce chapitre, notamment la littératie numérique et l'importance d'une communication efficace dans la vie réelle.

Les recherches présentées dans ce chapitre indiquent que l'éducation à la littératie numérique et l'adoption de meilleures pratiques pour une utilisation saine des réseaux sociaux peuvent avoir un impact positif. Elles permettent aux individus de naviguer de manière plus sûre et plus consciente dans l'environnement numérique, ce qui, à son tour, peut améliorer les relations interpersonnelles et le bien-être mental.

Néanmoins, il est essentiel de se rappeler que les solutions proposées ne sont pas des remèdes universels. Chaque individu a une expérience unique avec les médias sociaux, et la manière dont ces plateformes influencent leur vie dépend de nombreux facteurs, dont leur personnalité, leur environnement social et leurs expériences de vie.

Il est également crucial de continuer à rechercher et à développer des stratégies d'adaptation et des solutions aux problèmes que nous avons explorés dans ce livre. En fin de compte, l'objectif est de créer un environnement numérique qui soutient et améliore plutôt que de nuire à nos relations interpersonnelles et à notre bien-être mental.

CONCLUSION

Au fil des pages de ce livre, nous avons plongé au cœur de l'impact profond des réseaux sociaux sur nos vies, en particulier sur les femmes qui cherchent l'attention et la validation à travers ces plateformes. Nous avons exploré les nombreuses dimensions de cette réalité complexe, de la manière dont elle peut influencer l'image de soi et l'auto-évaluation à son influence sur les interactions interpersonnelles. Nous avons également examiné les conséquences psychologiques et émotionnelles potentiellement graves que peuvent avoir ces comportements, y compris l'anxiété, la dépression et l'érosion de l'estime de soi.

En particulier, nous avons étudié comment l'idéalisation et la comparaison sociale, facilitées par les réseaux sociaux, peuvent amener les individus à évaluer de manière critique leur propre vie et leur propre apparence. Cette image idéalisée de la vie et de l'apparence, constamment reflétée par le miroir déformant des réseaux sociaux, peut créer une pression énorme pour se conformer à des normes irréalistes et inaccessibles, avec des conséquences délétères pour l'estime de soi et le bien-être psychologique.

Nous avons également mis en lumière comment ces dynamiques en ligne peuvent se répercuter sur les relations réelles, en créant des attentes et des pressions qui peuvent semer le trouble dans les interactions interpersonnelles. Nous avons exploré comment la quête incessante de validation en ligne peut parfois détourner l'attention des relations réelles, et comment les idéaux et les normes véhiculés par les réseaux sociaux peuvent créer une tension dans les relations.

Cependant, nous avons également cherché à proposer des solutions pour naviguer dans ce paysage complexe. L'éducation à la littératie numérique, par exemple, peut jouer un rôle clé en aidant les individus à comprendre les dynamiques en jeu sur les réseaux sociaux et à se prémunir contre leurs effets néfastes. Il est également essentiel de promouvoir l'importance d'une communication efficace dans la vie réelle et de maintenir des interactions significatives et authentiques en dehors du monde numérique.

Au-delà de ces solutions, nous avons souligné l'importance d'une utilisation réfléchie et consciente des réseaux sociaux, en encourageant les utilisateurs à prendre du recul par rapport à leur présence en ligne et à évaluer de manière critique la manière dont elle peut influencer leur perception d'eux-mêmes et de leurs relations. En somme, nous avons cherché à démontrer que, bien que les réseaux sociaux présentent des défis significatifs, il est possible de naviguer dans ce paysage numérique de manière saine et équilibrée.

Dans notre ère numérique moderne, les frontières entre les mondes virtuel et réel sont de plus en plus floues, faisant de l'intersection de ces deux mondes un aspect inévitable de notre vie quotidienne. Avec la popularité croissante et la pénétration omniprésente des réseaux sociaux dans notre vie, nous nous trouvons dans une ère où les interactions en ligne ont un impact indéniable sur notre réalité quotidienne. Les effets de cette interaction peuvent se manifester de multiples façons, mais une manifestation particulièrement pernicieuse se trouve dans la quête incessante de validation sur les réseaux sociaux.

Lorsqu'elle est laissée sans contrôle, cette quête de validation peut devenir un piège insidieux. Il est facile de se perdre dans un cycle sans fin de chercher à obtenir l'approbation et la reconnaissance des autres par le biais des "j'aime", des commentaires et des partages. Cette soif d'attention et de reconnaissance peut alors conduire à la création et à la projection d'une image de soi idéalisée et souvent déformée sur ces plateformes, donnant naissance à des attentes et des pressions irréalistes sur soi-même et sur les autres.

Ces attentes peuvent non seulement avoir un impact négatif sur la perception que nous avons de nous-mêmes, en créant une insatisfaction et une insécurité constantes, mais elles peuvent également affecter de manière significative la qualité de nos relations réelles. Le besoin de validation en ligne peut devenir une distraction, détournant l'attention et les ressources émotionnelles des interactions réelles. De plus, les idéaux et les attentes projetés par le biais des réseaux sociaux peuvent créer une pression inutile dans les relations, générant des tensions et des conflits.

En somme, l'érosion de la frontière entre le virtuel et le réel dans notre ère numérique rend plus impératif que jamais de comprendre et de gérer les implications de nos interactions en ligne sur notre vie quotidienne. Il est essentiel de rester vigilant et conscient de la façon dont nous utilisons les réseaux sociaux et de l'influence qu'ils peuvent avoir sur notre perception de nous-mêmes et sur la qualité de nos relations.

Alors que nous continuons à naviguer dans les complexités de notre monde de plus en plus numérique, il est crucial de rappeler que les réseaux sociaux ne sont pas, en soi, des entités nuisibles. Bien au contraire, ils ont le potentiel d'être des outils puissants pour établir des liens, exprimer nos individualités et échanger des idées à une échelle qui était autrefois inimaginable.

Le véritable potentiel des réseaux sociaux réside dans leur capacité à transcender les frontières géographiques, permettant des connexions et des communications qui défient les distances. Ils offrent des plateformes pour le partage d'idées, l'expression de soi et l'engagement civique. Ils peuvent aider à créer des communautés, à faire entendre des voix marginalisées et à mobiliser des personnes autour de causes communes.

En outre, les réseaux sociaux peuvent offrir des opportunités d'exploration et de développement de soi. Ils permettent aux individus de partager leurs propres histoires, leurs expériences et leurs perspectives, enrichissant ainsi le discours public. Ils peuvent également être une source d'inspiration et d'apprentissage, en fournissant des informations et des points de vue divers sur une variété de sujets.

Cependant, l'exploitation pleine et positive de ces avantages nécessite une utilisation consciente et équilibrée des réseaux sociaux. Il s'agit de les utiliser de manière réfléchie, en étant attentif à la façon dont ils influencent nos perceptions, nos émotions et nos relations. Cela signifie être conscient de la tentation de chercher constamment la validation externe, et de comprendre que notre valeur intrinsèque ne dépend pas du nombre de "j'aime" ou de commentaires que nous recevons. Il s'agit de maintenir un équilibre entre notre vie en ligne et hors ligne, en veillant à ne pas laisser les interactions virtuelles supplanter nos interactions réelles.

En somme, les réseaux sociaux peuvent être un outil puissant pour la connexion et l'expression de soi, mais comme tous les outils, leur utilisation efficace et positive dépend de la façon dont ils sont utilisés. Avec une utilisation consciente et équilibrée, ils peuvent enrichir notre vie et nos relations, plutôt que de les entraver.

Alors que nous avançons vers un avenir toujours plus numérisé, il devient de plus en plus impératif d'approfondir notre compréhension des implications de la quête incessante de validation sur les réseaux sociaux. Le potentiel impact psychologique, émotionnel et social de cette quête de validation nous oblige à examiner de plus près nos comportements en ligne et leurs conséquences sur nos vies hors ligne.

Nous devons faire preuve de proactivité en promouvant une utilisation responsable et équilibrée des réseaux sociaux. Ceci implique de souligner l'importance de l'autoréflexion et de l'autorégulation dans notre usage des réseaux sociaux. Il est nécessaire de comprendre que le nombre de "likes", de commentaires et de partages que nous recevons ne définit pas notre valeur en tant qu'individus, et que la vie réelle ne devrait pas être vécue à travers le prisme d'une constante mise en scène pour les réseaux sociaux.

L'éducation à la littératie numérique doit être renforcée, en mettant l'accent sur l'apprentissage des compétences nécessaires pour naviguer de manière efficace et sécurisée dans le paysage numérique. Les programmes éducatifs devraient aborder des sujets tels que la confidentialité en ligne, la cybersécurité, la vérification des informations, et l'éthique du numérique. Il est aussi important de former les jeunes sur les effets potentiels des réseaux sociaux sur la santé mentale et sur les relations interpersonnelles.

En outre, nous devons encourager la poursuite de communications et d'interactions authentiques, aussi bien en ligne que hors ligne. En ligne, cela pourrait signifier la promotion de l'authenticité et de la transparence, et le découragement de la mise en scène de vies idéalisées. Hors ligne, cela pourrait se traduire par le renforcement de l'importance des interactions face à face, qui offrent une dimension de proximité et de nuance qui peut être absente dans les communications numériques.

En fin de compte, notre objectif devrait être de cultiver un paysage numérique qui favorise l'épanouissement individuel et le bien-être, plutôt que l'insécurité et la compétition. Cela nécessite une attention continue, des recherches approfondies et un engagement collectif à promouvoir des comportements numériques sains et responsables.

Dans le contexte de notre société actuelle hyperconnectée, l'idée de se passer complètement des réseaux sociaux semble presque irréalisable, voire indésirable. Ces plateformes offrent des possibilités de communication et de connexion sans précédent, brisant les barrières géographiques et culturelles, et fournissant une plateforme pour l'expression de soi et l'échange d'idées. La question essentielle, par conséquent, ne tourne pas autour de l'élimination des réseaux sociaux, mais se focalise plutôt sur comment naviguer dans ces espaces numériques de façon à encourager des relations saines, équilibrées et authentiques.

La première étape vers cette harmonie entre nos vies numériques et réelles réside dans la prise de conscience des défis inhérents à la participation active aux réseaux sociaux. Cela implique de comprendre comment la quête de validation en ligne peut influencer notre perception de nous-mêmes et des autres, comment les images idéalisées que nous et les autres présentons en ligne peuvent façonner nos attentes et nos relations réelles, et comment la nature instantanée et permanente de la communication numérique peut impacter notre bien-être émotionnel et notre communication interpersonnelle.

Une fois que nous avons pris conscience de ces défis, nous pouvons travailler activement à développer des stratégies d'adaptation efficaces. Cela peut impliquer la mise en place de limites saines autour de notre utilisation des réseaux sociaux, la promotion de l'authenticité dans nos interactions en ligne, et la recherche active d'un équilibre entre nos vies numériques et réelles.

Il est également crucial d'investir dans l'éducation à la littératie numérique, afin de doter les individus des compétences et des connaissances nécessaires pour naviguer dans le paysage numérique de manière sécurisée et responsable. Cela pourrait inclure des informations sur la protection de la confidentialité en ligne, l'éthique numérique, ainsi que la compréhension des impacts potentiels des réseaux sociaux sur la santé mentale.

En fin de compte, l'objectif est d'aspirer à une coexistence plus harmonieuse entre notre vie en ligne et notre vie hors ligne. Cette harmonie ne peut être atteinte que par une combinaison de conscience individuelle, d'efforts collectifs pour promouvoir une utilisation saine des réseaux sociaux, et de politiques et de pratiques éducatives qui soutiennent la littératie numérique. Ainsi, nous pouvons profiter des opportunités offertes par les réseaux sociaux tout en minimisant leurs risques, et favoriser des relations plus authentiques et satisfaisantes, aussi bien en ligne que hors ligne.

BIBLIOGRAPHIE

1.   Allcott, H., Braghieri, L., Eichmeyer, S., & Gentzkow, M. (2020). The Welfare Effects of Social Media. *The American Economic Review*, 110(3), 629-676.

2.   Andreassen, C. S. (2015). Online social network site addiction: A comprehensive review. *Current addiction reports*, 2(2), 175-184.

3.   Bazarova, N. N., & Choi, Y. H. (2014). Self-disclosure in social media: Extending the functional approach to disclosure motivations and characteristics on social network sites. *Journal of Communication*, 64(4), 635-657.

4.   Boyd, D. (2014). It's complicated: The social lives of networked teens. Yale University Press.

5.   Burke, M., Marlow, C., & Lento, T. (2010, April). Social network activity and social well-being. In *Proceedings of the SIGCHI conference on human factors in computing systems* (pp. 1909-1912).

6.   Chou, H. T. G., & Edge, N. (2012). "They are happier and having better lives than I am": the impact of using Facebook on perceptions   of others' lives. *Cyberpsychology, Behavior, and Social Networking,* 15(2), 117-121.

7.   Ellison, N. B., Steinfield, C., & Lampe, C. (2007). The benefits of Facebook "friends:" Social capital and college students' use of online social network sites. *Journal of Computer-Mediated Communication,* 12(4), 1143-1168.

8.   Fardouly, J., Diedrichs, P. C., Vartanian, L. R., & Halliwell, E. (2015). Social comparisons on social media: the impact of Facebook on young women's body image concerns and mood. *Body image,* 13, 38-45.

9.   Goffman, E. (1959). *The presentation of self in everyday life.* Garden City, NY: Doubleday.

10.   Kross, E., Verduyn, P., Demiralp, E., Park, J., Lee, D. S., Lin, N., ... & Ybarra, O. (2013).
Facebook use predicts declines in subjective well-being in young adults. *PLoS one*, 8(8), e 69841.

11.   Lenhart, A., & Duggan, M. (2014). Couples, the internet, and social media. *Pew Research Center.*

12. McLaughlin, C., & Vitak, J. (2012). Norm evolution and violation on Facebook. *New media & society*, 14(2), 299-315.

13. Perloff, R. M. (2014). Social media effects on young women's body image concerns: Theoretical perspectives and an agenda for research. *Sex Roles*, 71(11-12), 363-377.

14.   Turkle, S. (2011). *Alone together: Why we expect more from technology and less from each other.* Basic books.

15.   Valkenburg, P. M., Peter, J., & Schouten, A.P. (2006). Friend networking sites and their relationship to adolescents' well-being and social self-esteem. *CyberPsychology & Behavior*, 9(5), 584-590.

16. Vanden Abeele, M. M. (2016). Mobile lifestyles: Conceptualizing heterogeneity in

mobile youth culture. *New Media & Society*, 18(6), 908-926.

17.	Cardon, D. (2010). La démocratie Internet : Promesses et limites. Paris, France: Seuil.

18.	Casilli, A. A. (2010). Les liaisons numériques : Vers une nouvelle sociabilité ? Paris, France: Seuil.

19.	Granjon, F., & Denouël, J. (2011). Communiquer à l'ère numérique : Regards croisés sur la sociologie des usages. Paris, France: Presses des Mines.

20.	Mercklé, P. (2011). Sociologie des réseaux sociaux. Paris, France: La Découverte.

21.	Tisseron, S. (2013). Virtuel, mon amour : Pensées, actes, et addictions à l'heure des nouvelles technologies. Paris, France: Albin Michel.

A PROPOS DE L'AUTEUR

Abdelhakim Bouafia excelle dans plusieurs domaines allant de la linguistique à la psychologie. Ses recherches et ses écrits approfondis ont apporté des contributions significatives à notre compréhension de ces sujets complexes. Parmi ses œuvres notables, citons :

Introduction à la grammaire générative et transformationnelle (Amazon, 2023) : Un guide exhaustif qui décompose et analyse les mécanismes fondamentaux de la linguistique transformationnelle.

Les thérapies psychédéliques (Amazon, 2023) : Une exploration détaillée des utilisations thérapeutiques des substances psychédéliques et de leurs implications pour la santé mentale.

La thérapie psychédélique à la psilocybine

(Amazon 2023) : Un aperçu perspicace des potentialités spécifiques de la psilocybine en tant qu'outil thérapeutique, avec des discussions approfondies sur les recherches actuelles et les perspectives d'avenir.

Pour plus d'informations sur Abdelhakim Bouafia et ses travaux, visitez le site web www.amazon.fr et www.amazon.com."